Jörg-Michael Müller

Der vergessene Künstler

William „Bill" Alexander

Impressum

Copyright: Jörg-Michael Müller
Titelgestaltung und Satz: Kunstportal Hamburg,
Jörg-Michael Müller

Herstellung und Verlag:
BoD - Books on Demand, Norderstedt
ISBN: 9783758300417

*„Das Leben ist eine große leere Leinwand,
und wir füllen sie selbst mit der Magie unseres
Lebens. Jeder von uns steht vor dieser Leinwand,
um dieses eine besondere, allmächtige Gemälde zu
erschaffen. Für manche ist es einfach, für viele nicht.
Für mich war es eine lange Reise."*

William „Bill" Alexander, 1983 [1]

Inhaltsangabe

Von verborgenen Quellen im Nebel und kleinen Glücksfällen

William „Bill" Alexander, der in Berlin geborene und nach Nordamerika ausgewanderte Künstler, entwickelte die geniale „Alexander-Maltechnik," mit der er innerhalb kürzester Zeit komplexe Ölgemälde erstellen konnte. Als TV-Maler mit eigener Show wurde er so im ganzen Land berühmt, und seine Maltechnik wird heute noch weltweit von begeisterten Menschen verwendet. Rund um den Globus verdienen noch immer unzählige Mallehrer mit dieser Technik ihren Lebensunterhalt, und der Verkauf der speziellen Farben und Pinsel war und ist noch immer ein Millionengeschäft. William Alexander geriet nach seinem Tod allerdings in Vergessenheit, im deutschsprachigen Raum kennt ihn eh kaum jemand. Den weltweiten Ruhm für die geniale Alexander-Maltechnik erhielt ein Anderer. Sein Schüler und ehemaliger Angestelleter Bob Ross. Dringend überfällig also, diesen Künstler in Erinnerung zu bringen. Er war ein charmantes Schlitzohr und ein Filou, der zwei Weltkriege überlebte und Jahrzehnte lang in Nordamerika und Kanada mit seinem VW-Bus als fahrender Künstler umher zog, bis er Anfang der 1970er dann entdeckt wurde und ein gefeierter Star wurde. Er träumte von einem besseren Morgen, liebte die Natur und die Menschen. Zeitlebens sprach er sich gegen Gier und Krieg aus. Sein Leben war kurvenreich, mitunter dramatisch. Besonders seine letzten Jahre, und seine abenteuerliche Biografie liest sich so spannend, wie ein Roman.

Als ich mit der Recherche zu William Alexander anfing, war es zunächst nicht sehr schwierig, Informationen über ihn zusammen zu stellen. Es gab eine Dokumentation[2] aus dem Jahr 1983 über William und auch eine Autobiografie.[3] Viele Details erfuhr man auch, in dem man aufmerksam die einzelnen Folgen seiner TV-Show[4] sah. Heute findet man sie fast nur noch auf Youtube. Doch ab einem gewissen Punkt stockte plötzlich die Recherche, es gab keine weiterführenden Quellen mehr. Von seiner Kindheit an, über die Zeit als Wehrmachtssoldat, ließ sich sein Leben, wenn auch mitunter lückenhaft, erzählen. Vieles auf dem verschlungenen Weg bis zu seinem Durchbruch liegt im Dunkeln. Bis ins Jahr 1992 war er in Nordamerika einem Millionenpublikum durch seine TV-Sendungen bekannt, von seinem Privatleben weiß man wenig. Doch dann wurde es abrupt gänzlich still um ihn, und die letzten Jahre seines Lebens lagen vollkommen im Nebel. So soll er angeblich, laut Online-Quellen, bis zu seinem Tod in einem schwer zugänglichen Örtchen namens Powell River[5] gelebt haben. Doch schon das ist falsch. Lediglich sein Sterbedatum ließ sich noch zweifelsfrei ermitteln, der 24. Januar 1997. Auch sein Begräbnisort wirft Fragen auf. Eine Quelle sagt, er liegt auf dem Friedhof in Powell River. Andere Quellen behaupten jedoch, er sei in Port Alberni[6] begraben. Beides trifft allerdings nicht zu. Er fand weder auf dem einen noch dem anderen Friedhof seine letzte Ruhestätte, und als ich mich in die Recherche vertiefte war vollkommen unklar, ob sich sein Grab überhaupt lokalisieren ließe. Je mehr ich grub, desto mehr ungeklärte Fragen und Ungereimtheiten entstanden. Am Ende wäre diese Biografie beinahe unzufriedenstellend lückenhaft geblieben, wenn nicht der Zufall zur Hilfe gekommen wäre, so dass ich nun seine gesamte dramatische Lebensgeschichte erzählen kann.

Routinemäßig hatte ich zunächst alle in Frage kommenden Friedhöfe angeschrieben und um Auskunft gebeten, ob der Kunstmaler William Alexander dort beerdigt wurde. Aus Powell River erhielt ich innerhalb von nur weniger Stunden eine Antwort. Zwar lag die besagte Person nicht auf ihrem Friedhof, teilte mir eine freundliche Mitarbeiterin der Friedhofsverwaltung mit, doch erhielt ich die Anschrift eines Bestattungsunternehmens. Möglicherweise, so die Dame, könnte man mir dort weiter helfen. Also sandte ich dem Bestatter meine Anfrage zu, die ebenfalls nach wenigen Stunden beantwortet wurde. Mir wurde mitgeteilt, dass die betreffende Person nicht von dem Unternehmen beerdigt wurde, aber der Mitarbeiter habe mal ins Zentralregister geschaut, und mir die Sterbeurkunde von Herrn Alexander kopiert. Ich traute meinen Augen nicht. In Deutschland wäre das schon aus Gründen des Datenschutzes absolut unmöglich, aber in Kanada scheinen die Uhren anders zu ticken. Dieses amtliche Dokument war überaus hilfreich, der Clou des Ganzen aber war, dass die Sterbeurkunde von einem Angehörigen von William Alexander unterschrieben wurde, der mir bis dato gänzlich unbekannt war. Er hatte eine Tochter, das ist dokumentiert. Laut dieses Dokumentes gab es aber auch noch einen Ziehsohn. Manchmal hilft das Glück dem Tüchtigen, denn es gelang mir tatsächlich, diesen Ziehsohn irgendwo in den Tiefen Kanadas ausfindig zu machen. Ich schilderte dem 74Jährigen mein Anliegen, und er war tatsächlich bereit, alle meine unzähligen Fragen zu beantworten. Monatelang tauschten wir uns aus, und ohne ihn wäre es nicht möglich gewesen, die spannende Lebensgeschichte von William „Bill" Alexander, mit all ihren Facetten, zu erzählen.

21.12. 2023, Jörg-Michael Müller

Eine entbehrungsreiche Kindheit in Ostpreußen

Die Familie von William Alexander (geboren wurde er mit dem Namen Wilhelm), lebte im damals dünn besiedelten Ostpreußen. Zu jener Zeit, als dort adelige Großgrundbesitzer wie die Grafen von Dohna,[7] derer zu Finckenstein[8] oder Döhnhoff[9] herrschten. Die Landwirtschaft machte sie reich und mächtig, und Ostpreußen war eine prall gefüllte Kornkammer. Die großen und herrschaftlichen zweigeschossigen Gutshäuser zeugen noch heute von dem einstigen Reichtum der „Blaublütigen," wie das einfache Landvolk spöttisch den Land- und Geldadel nannte. Freilich, das gemeine Volk, von dem rund Dreiviertel in der Landwirtschaft arbeiteten und somit direkt vom Adel abhängig waren, lebte deutlich bescheidener. Ihre Häuser waren klein und einstöckig, meist hatten sie nur einen einfachen Lehmboden, eine kleine Kochstelle, einen spärlichen Ofen, und zum Schlafen dienten in der Regel mit Stroh gefüllte Säcke, auf denen man sich nach einem harten Tag bettete. Die Familie Alexander lebte in einem Dorf namens Rautenberg,[10] bestehend aus einer Ansammlung von gut drei Dutzend kleinen, hauptsächlich einstöckigen Häusern. Es gab dort eine kleine Bahnstation mit einem einzelnen Gleis in Richtung Tilsit, das rund 40 Kilometer entfernt ist, einen Schmied, einen Friseur, einen Sattler, eine kleine Schule, in deren Obergeschoss der Lehrer zugleich auch wohnte. Ebenso gab es eine Poststelle, eine Kirche und einen kleinen Warenladen für das Nötigste: Also Zucker, Salz, Pfeffer und Mehl. Das war es dann aber auch schon. Es gab weder einen richtigen Arzt, es gab keine Apotheke, keinen Schuster und erst recht keinen elektrischen Strom. Elektrischer Strom erreichte Rautenberg erst im Jahr 1927, und der Generator, der den Strom für die spärliche Straßenbeleuchtung produzierte, wurde fortan vom ortsansässigen Schmied betreut. Zwar gab es dort auch einen alten Polizisten, aber es war damals eine raue Zeit mit harten Kerlen. Und wenn es dann mal Streit unter den Nachbarn gab, etwa, weil einer den Grenzstein zum Nachbargrundstück ein wenig zu seinen Gunsten verschob, dann regelte man das für gewöhnlich direkt untereinander. Mit den Fäusten oder auch gerne mit der Flinte. So war das damals. Da wurde kein großes Aufhebens gemacht, wenn denn mal im Dorf einer „umgeschossen" wurde, so berichtete William viele Jahre später, dann war halt zukünftig einer weniger von denen da.

Bereits in jenen Tagen wurden in Ostpreußen moderne Agrartechniken entwickelt, die mit verantwortlich waren für die hohen landwirtschaftlichen Erträge. Williams Vater, auch er hieß Wilhelm, arbeitete damals als Bauleiter und setzte diese Techniken um. Bis zu 200 Arbeiter unterstanden ihm zeitweilig dabei, und sie errichteten modernste Drainagesysteme und Pumpen, um so den Mooren das Wasser zu entziehen,[11)] und so neue Ackerflächen zu gewinnen. Auch legten sie Wege und Kanäle an oder reinigten die Flüsse. Die Mutter, ihr Name war Ida, geborene Pasanau, versorgte indes den zweijährigen Sohn Paul und kümmerte sich um das kleine Haus. Auch hatten sie ein bescheidenes Stückchen Land von dem dortigen Gutsherren gepachtet, das sie für den Eigenbedarf bewirtschafteten. Man baute das Nötigste an und hielt ein paar Rinder, Hühner und auch Gänse. Neben einigen Hunden besaß die Familie Alexander auch ein in die Jahre gekommenes Pferd.

Im Sommer des Jahres 1914 wurde die Mutter dann mit William schwanger. Zur selben Zeit braute sich auf der großen Weltbühne das Drama des ersten Weltkrieges zusammen, an dessen Ende 17 Millionen Opfer zu beklagen sein würden. Nach dem Attentat vom 28. Juni in Sarajevo auf das österreichische Thronfolgerpaar sagte das Deutsche Reich im Juli Österreich zu, an dessen Seite zu stehen, wie auch immer Österreich auf das Attentat reagieren würde. Mit diesem „Blankoscheck" ausgestattet, erklärte Österreich dann Serbien den Krieg, das jedoch von Russland unterstützt wurde. Am 30. Juli waren Österreicher und Russen bereits im Kriegszustand. Das Deutsche Reich erklärte darauf hin ihrerseits sofort Russland, Frankreich und England den Krieg, und der Wahnsinn nahm seinen Lauf. Die Militärführung des Deutschen Reiches wusste wohl um die Gefahr eines Zweifrontenkrieges. Und um diesen zu verhindern, wurde schon Jahre zuvor der so genannte „Schlieffen-Plan" entwickelt. Dieser sah vor, dass durch einen schnellen Angriff auf Frankreich von Norden und Süden her, unter Missachtung der belgischen Neutralität, Frankreich so schnell besiegt werden würde, dass das Heer sich danach direkt nach Osten wenden könnte, noch bevor die russische Mobilmachung abgeschlossen wäre. Man war siegessicher in Berlin, doch es sollte ein Irrtum ein. Von all diesen Plänen wusste die Familie Alexander natürlich nichts, oder nur sehr wenig. Wohl aber machte man sich in Ostpreußen Sorgen, denn es gab nur geringe Truppen zu ihrer Verteidigung vor Ort. Und entgegen der kaiserlichen Erwartung standen schon nach 14 Tagen zwei zaristische Armeen im Lande. Gräueltaten, Flucht und Verwüstung waren die Folge, von der die Familie Alexander aber bislang noch verschont blieb. Der ostpreußische Adel jedoch fürchtete um Land und Wohlstand und wandte sich direkt an Kaiser Wilhelm II. mit der Bitte um Hilfe. Bei dem Hohenzoller[12)] fanden sie dann auch Gehör, und von der nach Westen ziehenden Angriffsarmee, sie hatte noch nicht einmal die Marne erreicht, wurden zwei Korps herausgelöst und nach Osten in Marsch gesetzt. Unter Hindenburg und Ludendorff wurde bei der Schlacht von Tannenberg[13)] eine der beiden zaristischen Armeen vernichtet, und die Zweite nach Osten abgedrängt. Doch noch immer kontrollierte diese Armee große Teile Ostpreußens. Im Februar des Jahres 1915, in der „Winterschlacht in Masuren,"[14)] erfolgte dann der deutsche Angriff auf die noch vorhandene zweite zaristische Armee. Nun musste auch die Familie Alexander eiligst fliehen, um Leib und Leben zu retten. Da der Vater längst als Soldat verpflichtet war und kämpfte, drei Mal wurde er im Verlauf des Krieges verwundet, sein Sohn William würde diese Zahl im nächsten Krieg noch überbieten - so war es dann der Großvater, der an einem nasskalten und regnerischen Morgen im Februar das Pferd eiligst vor den Karren spannte, während die hochschwangere Mutter das Nötigste zusammen sammelte. In einem langen Flüchtlingstreck machten sie sich auf den beschwerlichen und gefährlichen Weg in Richtung Berlin, wo am 02. April, nach sicherer Ankunft, William Alexander gesund und munter das elektrische Licht dieser Welt erblickte. Niemals in seinem Leben hatte William Alexander übrigens seine Geburtsstadt Berlin besucht.

Über den Großvater berichtete William später mit einem Augenzwinkern. Dieser war damals als Landpostbote angestellt und fuhr meist mit der Kutsche tagelang von Ort zu Ort, und lange Jahre nach dem Krieg erst fand die Familie dann heraus, dass der Großvater recht umtriebig war, denn in fast jedem Örtchen auf seiner Strecke besaß er eine Freundin. Doch das tut hier eigentlich nichts zur Sache, und so wollen wir es einfach übergehen.

Nach dem Krieg kehrte die Familie Alexander nach Rautenberg zurück, und der Sohn Heinrich wurde geboren. Das Land war durch Bomben und Granaten umgepflügt, die Häuser allesamt zerstört. Und noch immer lagen die halb verwesten Soldatenkörper an der Stelle, an der sie einst starben, und das gesamte Land lag unter einer übelst stinkenden Glocke von Verwesung. Verkohlte Waffenteile und Gerät, halb verrostete Granaten und Munition lagen überall herum. Der Vater musste einen Kredit aufnehmen, um ein neues Haus zu bauen. Doch für die Kinder war es ein riesengroßer, spannender Abenteuerspielplatz, wenn auch ein übel stinkender. William Alexander berichtete später, sie hielten es anfänglich für eine gute Idee, den Leichen die Soldatenstiefel auszuziehen, damit sie selber Schuhe hätten, oder sie diese verkaufen könnten. Doch der Gestank im Innern der Schuhe ließ sie schnell diese Idee über Bord werfen. Statt dessen widmeten sie sich fortan den halb verrosteten Granaten, auf die sie mit Steinen warfen, um sie zur Explosion zu bringen. Es wurde schnell ein geflügeltes Wort, „es einmal richtig krachen zu lassen." So manches von den Kindern verlor so einen Arm, ein Auge oder auch das ganze Leben.

Die ostpreußischen Winter waren lang und hart, es wurde schnell eiskalt, und es fiel sehr viel Schnee. Jeder in der Familie musste mit anpacken und helfen, um über die Runden zu kommen. Der junge William stellte sich dabei sehr geschickt bei der Hasenjagd an. Die Schneehasen hatten ein so wunderbares weiches Fell, aus denen man wärmende Kleidung herstellen konnte. Ein Winter jedoch war so bitterkalt, dass die Familie Alexander nicht umhin kam, ihren alten Schäferhund Hector zu töten, um an sein Fell zu kommen. Die anderen Hunde der Familie folgten bald. Wie gesagt, es war eine harte Zeit, und wir können uns das heute kaum mehr vorstellen. Fast das gesamte Jahr über ging William mit seinen Brüdern zum Angeln. Für sie war es Spaß, aber auch eine Ergänzung des Spei-seplanes. Barsche und Karpfen fingen sie. Und den Wels, den er Schlammfisch" nannte, und den die Kinder am Liebsten roh aßen. Das Angeln brachte ihm so viel Spaß, dass sein Traumberuf in jenen Tagen der des Fischwartes war. Das war früher eine angesehene Stel-le, man stand im Staatsdienst und achtete darauf, dass das Gewässer intakt war, es keine Verschmutzungen gab, auch war man immer an der frischen Luft. Das bedeutete Freiheit für William. Leider musste man dafür studieren und Prüfungen absolvieren. All das konnte sich die Familie Alexander aber nicht leisten. Im Laufe der Jahre besserte sich einiges, da der Vater wieder als Bauleiter arbeitete. Und auf dem Stückchen Land wurde nun wieder fleißig für den Eigenbedarf angebaut, auch hatte man wieder ein paar Kühe und Hühner. William verstand sich besonders darauf Bienen, zu halten. Er liebte ihren süßen Honig. In seinen Memoiren schrieb William später, wie die Kinder es genossen, mit der Familie zu-sammen zu sitzen, und gemeinsam zu singen und zu musizieren. Einer der Brüder spielte die Mundharmonika, William die Geige. Wenn der Frühling kam und es wärmer wurde, da stromerten die Jungs durch die Natur. William liebte schon als Kind die Felder, die Wei-den und die Wälder rundherum, durch die er so gerne lief. Allerdings gehörten die Wälder dem ostpreußischen Landadel, und die sahen es gar nicht gerne, wenn Dörfler sich dort aufhielten. Wenn die „Blaublütigen" mal einen Jungen erwischten, dann gab es schnell mal ein paar auf die Mütze. Aber das hatte keinen ernstlich davon abgehalten, immer wieder in die Wälder zu gehen. Die Kinder besuchten im Ort die kleine Schule. Die Mädchen saßen vorne, dahinter die Jungs. Und ihr Lehrer, genannt „Graubart," brachte schlecht oder recht alles bei, was man damals in der Volksschule so lernte. Und immer, wenn die Haare der Kinder länger wurden, so mussten Sie ein Blatt Papier vor sich auf den Tisch legen und sich die Haare auskämmen. Heerscharen von Läusen kamen so zu Tage.

Es gibt noch eine besonders schöne Anekdote. Am Rande von Rautenberg, da gab es ein Haus, in dem schon seit Ewigkeiten eine uralte Frau lebte. Immer wieder sahen die rumstrolchenden Jungs diese alte Frau in den Wald gehen, und die Jungs waren sich sicher, dass sie bestimmt eine Hexe war, die im Wald nach Kräutern suchte, um schwarze Magie zu praktizieren. Eines Tages in der Schule, als die Halbwüchsigen mal wieder über die Hexe sprachen, da setzte sich ihr Lehrer „Graubart" zu ihnen. „Ich erzähle Euch einmal eine Geschichte über die alte Frau," sagte er, und lugte die Jungs über seine runde Brille hinweg an. Gespannt rückten alle näher zusammen und lauschten, denn „Graubart" konnte gut Geschichten erzählen. Die alte Frau war nämlich vor langer Zeit das schönste Mädchen im ganzen Dorf gewesen, so begann er die Geschichte. Und alle jungen Männer verliebten sich in sie, auch die von den „Blaublütern." Doch die junge Frau entschied sich für einen aus dem Dorf. Er war der Schönste und Stärkste von allen. So bauten sie sich ein Haus am

Rande des Dorfes und machten das Land rundherum urbar. In bunten Farben strichen sie die Hauswände und überall wurden wunderschöne und duftende Blumen gepflanzt. Sie schworen sich ewige Liebe, doch dann musste der Mann 1870 in den Krieg gegen die Franzosen ziehen.[15] Beim Abschied sagte er, dass er bald zurück käme, und sie versprach, auf ihn so lange zu warten. Doch als der Krieg beendet war, da kam er nicht zurück. Und seit dem wartet sie jeden Tag, dass er heimkehren möge. Und jede Nacht brennt eine Laterne am Fenster, damit er auch den Weg zu ihr finden würde. Nachdem William die Geschichte hörte, und er beim nächtlichen umherstromern mal wieder an ihrem Haus vorbei lief und die Laterne sah, da berührte es ihn sehr, und er wünschte sich, ihr Mann würde doch recht bald heimkehren. „Hexe" nannte die alte Frau von den Jungen seit dem niemand mehr.

Dann erkrankte Mutter Ida an Rindertuberkulose. Eine Krankheit, die von einer infizierten Kuh auf den Menschen überspringen kann, wenn man ihre Milch trinkt. Schnell baute die zierliche Mutter körperlich ab. Doch ließ sie sich nichts anmerken, so weit es ging, kümmerte sie sich weiter tapfer um Haus und Kinder. Im Frühjahr 1929 gab es aber keine Hoffnung mehr. Sie spuckte Blut und litt ganz fürchterlich. Wenige Stunden vor Sonnenaufgang verstarb sie dann. Der anwesende Geistliche sprach von Erlösung. Der erst 14jährige William lief weinend aus dem Haus, hinein in den Wald. Er lief tiefer und tiefer hinein. Auf einer kleinen Lichtung blieb er sitzen und trauerte, betete zu Gott. Schon früh spürte er die Kraft der Natur, „Mutter Natur," wie er sie nannte, und ihre Schönheit, sie gab ihm neuen Mut. Gottgläubig war William zeitlebens. Und er hatte eine klare Vorstellung von Gott, und wie er mit ihm kommunizieren würde. Er faltete nicht seine Hände oder schaute zu Boden. Gott, so sagte William, würde die nach seinem Ebenbild geschaffenen Kinder auf Augenhöhe sehen wollen. Nicht auf dem Boden. William stand der Institution Kirche bis ins hohe Alter durchaus skeptisch gegenüber. Ein von oben herab lehnte er ab. Nicht nur durch Geistliche, generell im Leben gefiel es ihm nicht, wenn über ihn bestimmt wurde. Frei wollte er sein. Und das kommunizierte er auch in seiner späteren TV-Karriere. Williams Mutter wollte, dass ihre Söhne einen Beruf erlernen würden. So fingen sie dann alle nach ihrem Tod eine Lehre an. Einer wurde Schlachter, der Andere stellte Käse her. William erlernte im Dorf den Beruf des Sattlers und Polsterers. Er wurde von Herrn Tomescheit ausgebildet, der viel für die „Blaublütigen" arbeitete. Herr Tomescheit hatte ein zweigeschossiges Haus im Ort. Unten war das Geschäft, oben wohnte er mit seiner Frau. Auch die Lehrlinge wohnten dort und arbeiteten sechs Tage die Woche. Nur der Sonntag war frei, und an diesem Tag spielten die Jungs dann immer Fußball. Oh, William liebte Fußball. Eines Tages kam ein durchs Land ziehender Kunstmaler nach Rautenburg. Er ging von einem Gutshof zum Nächsten und malte die Häuser der Gutsherren, oder ein Portrait oder auch Landschaften. Die Kinder nannten den Künstler „Froschmann," weil er aussah wie ein Frosch und auch so breit aus den Mundwinkeln heraus sprach. Wann immer William konnte, schaute er beim Froschmann zu. In Windes Eile konnte er eine Landschaft malen. Dieser Mann beeindruckte ihn, und William wollte auch malen. So, wie der Froschmann. Jahrzehnte später erinnerte er sich noch an den umherziehenden Maler, der ihn so beeindruckt hatte. Nachdem William schon zwei Jahre in der Lehre war, da rückte sein Traum vom Malen ein Stück näher. Herr Tomescheit, sein Lehrmeister, kümmerte sich auch um die Kutschen der Adeligen. Er polsterte sie auf, versah sie mit ledernem Geschirr, auch bemalte er die Kutschen mit schönen Dekorationen. Da William sich geschickt anstellte, durfte er diese Arbeit fortan verrichten und schmückte die Kutschen mit gemalten Rosen und in sich verschlungenen Blätterranken. Sein Lehrmeister war zufrieden und William fühlte sich erstmals wie ein Künstler. Ein gutes Gefühl! Einer seiner Schulfreunde, das war der Heinz Höller. Sein Vater war einer der wohlhabenden Gutsherren in der Gegend. Und als dieser in seinem Haus eine Wand mit einer Malerei versehen haben wollte, da sorgte Heinz dafür, dass sein Freund William diesen Auftrag bekam. William war begeistert, als er die große leere Wand sah, die von schweren dunklen Holzvertäfelungen umgeben war. Er mischte Farbpigmente und Öl zusammen und überlegte sich, was dem Gutsherren wohl gefiele. Eigentlich wollte er ein Pferd malen. Galoppierend und mit wehender Mähne. Doch kannte er die beliebten Motive jener Tage und malte eine Jagdszene mit einem Hirsch und einem Löwen, einen dichten Wald und Berge. Alles in allem, ein wunderschönes Bild, der Gutsherr war begeistert, und fortan durfte William in vielen Gutshäusern malen. Viele Jahre später besuchte er seinen Freund Heinz im Haus seines Vaters. Das Wandgemälde war noch da, doch die Farben waren alle verblasst oder abgeplatzt. Die von ihm angemischten Farben hatten nicht das richtige Mischungsverhältnis, und, so berichtete William, in vielen Gutshäusern malte man seine Werke deshalb einfach weiß über.

Als die Weltwirtschaftskrise[16]) kam, und immer mehr Menschen ihre Arbeit verloren, da spürte man es auch in Ostpreußen. William hatte seine Ausbildung absolviert, doch Herr Tomescheit konnte und wollte ihn nicht weiter beschäftigen. Eine Einnahmequelle musste her. Da er ja die Geige sehr gut spielen konnte, schloss er sich mit einigen seiner Freunde zusammen. Auch Heinz war dabei. Zu fünft gründeten sie dann eine „ungarische Zigeuner-Kapelle," wie man es in jenen fernen Tagen nannte. So tingelten sie durch ganz Ostpreußen und klapperten alle Ortschaften ab. Im Sommer schliefen sie unter freiem Himmel, im Winter spielten sie auch für ein Nachtquartier und etwas zu essen. Sie trugen beim Musizieren bunte Westen und Hemden und spielten überall auf. Bei Hochzeiten, Dorffesten und in Gasthäusern, sie nutzten jede Gelegenheit. Zwar erhielten sie meist nur wenig Geld, aber dafür bekamen sie umso mehr Bier für ihre Darbietungen. Es war eine, wie er später sagte, schöne und vor allem durch Freiheit geprägte Zeit.

Als Frontsoldat im zweiten Weltkrieg

So um 1935 lernte er seine spätere Frau Margaret kennen. Sie stammte aus einem der Nachbardörfer, und nachdem sie heirateten, kam zwei Jahre später Tochter Heidi zur Welt. Margaret war eine wunderschöne und warmherzige Frau, mit dunklem gelockten Haar und einem herzlichen Lächeln. Doch das Glück der jungen Familie dauerte nicht lange, denn als der zweite Weltkrieg ausbrach, da musste auch William zum Militär. Vor dem Krieg irgendwann starb sein Vater durch einen Arbeitsunfall, er wurde von einem Zug überrollt. William gab den Nazis die Schuld daran, Näheres ist aber nicht bekannt.

Er diente im Rang eines Unteroffiziers in der Wehrmacht. Leider gibt es nur wenige Anekdoten aus jener dunklen Zeit, aber diese zeichnen ein klares Bild von ihm. Er hasste den Krieg, und er liebte die Menschlichkeit. William nannte sich gerne einen lausigen Soldaten und meinte, seine Vorgesetzten hätten wohl wenig Freude an ihm gehabt. Dennoch muss er seine Pflichten wohl ernst genommen haben, insgesamt vier Mal wurde er verwundet. Als er einmal bei einem Zugtransport an die Front dafür verantwortlich war, dass alle Soldaten auch vollzählig waren, da kam es zu folgender Geschichte. Der Zug hatte einen längeren Halt an einer Station, und einige Soldaten kamen zu ihm und sagten, dass im Nachbarort, nicht weit entfernt, ihre Eltern oder ihre Liebsten wohnen würden. Und sie fragten, ob sie nicht kurz vorbei schauen dürften. William wusste, dass das natürlich strengstens verboten war. Das könnte man als Fahnenflucht ansehen, und so ermahnte er die Soldaten, sie mögen in jedem Fall rechtzeitig zurück kommen und sich ja nicht erwischen lassen, ansonsten würden sie wohl alle an die Wand gestellt werden. William hatte Mitgefühl mit den Soldaten, und wann immer fortan der Zug an einer Station länger warten musste, so kamen immer wieder Soldaten mit dem gleichen Wunsch, und jedes Mal ermahnte er sie und schaute anschließend weg, so dass sie ihre Liebsten besuchen konnten. Sie alle kamen stets zurück. Einmal jedoch, da erwischte ihn dann ein Offizier beim „Wegschauen" und bellte ihn an: „Unteroffizier Alexander, Sie gehören erschossen!" Dieser erstarrte, doch dann schüttelte der Offizier nur leicht seinen Kopf, er fühlte wohl auch Mitleid mit den Soldaten, drehte sich um und ging wieder. Im Verlauf des Krieges wurde er dann nach Norwegen versetzt. Dort wurden sie von einer kleinen Insel auf die Nächste gebracht und mussten dort jeweils Gräben, Tunnel und dergleichen ausheben. Regelmäßig kam dann ein kleines Boot vom Festland, beladen mit einigen Offizieren, und diese kontrollierten dann die Arbeit der Soldaten. William kam eines Tages auf die clevere Idee, einen Posten aufzustellen, der mit einer roten Fahne sofort die Kameraden warnen würde, sobald das

Boot kommt. Denn, warum sollten sie graben, solange keine Offiziere auf der Insel waren? Fortan schliefen die Kameraden oder vertrieben sich sonst wie die Zeit. Und wenn das Warnsignal mit der roten Fahne kam, dann taten sie alle so, als würden sie fleißigst graben. Allerdings ging einmal etwas schief, und das Boot landete an, noch bevor der Kamerad das Signal gegeben hatte. In allerletzter Sekunde winkte der Posten noch mit der Fahne, und alle sprangen mit ihren Schaufeln schlagartig in die Gräben, doch der ankommende Offizier hatte das Spiel sofort durchschaut und ließ William wutentbrannt an die russische Front versetzen. Von der schrecklichen Zeit dort ist nicht viel bekannt, in seinen Memoiren schrieb er lediglich, dass sie sich mit den Russen in Gräben gegenüber lagen und mal die eine Seite angriff, mal die Andere. Sein Graben sei eines Tages auch einmal überrannt worden, und er wurde von einem Russen mit dem Gewehrkolben bewusstlos geschlagen. Eine Erinnerung aber ist sehr ergreifend. Während einer so genannten Ruhephasen, die wurden nach Möglichkeit eingelegt, damit ein Truppenteil sich erholen und regenerieren konnte, da spazierte er durch einen Wald. Irgendwo, mitten in Russland. Und er kam an einen kleinen Fluss mit einer alten Holzbrücke, die er auch überquerte. Fische waren in dem Fluss zu sehen. Plötzlich tauchte am anderen Ende ein Russe auf, groß gewachsen und kräftig gebaut. Beide Soldaten hatten ein Gewehr, doch keiner machte Anstalten, es zu benutzen. So ging dann William langsam auf ihn zu, lächelte und sprach ihn auf deutsch an. Er sagte zu dem Russen irgend etwas. Dass er jetzt gerne angeln würde oder so was in der Art. Der Russe lächelte ihn ebenfalls an und kam, etwas auf russisch sagend, ihm entgegen. Auch wenn keiner den Anderen verstand, sie umarmten sich und lächelten, dann drehten sich beide wieder um und verschwanden im Wald. Zwar hatte William Angst, er könne nun eine Kugel in den Rücken bekommen, doch nichts dergleichen geschah.

Kurz vor Kriegsende wurde William zum vierten Mal verwundet, eine Kugel traf ihn erneut, und er kam in ein Lazarett in der Nähe vom Rhein. Auf der anderen Flussseite waren bereits die Amerikaner, und keiner hatte ernstlich Zweifel daran, dass der Krieg bald verloren sein würde. Auch William, der schon mehrere Wochen im Lazarett lag, hatte wenig Lust, so kurz vor Kriegsende noch sein Leben zu verlieren. Einmal pro Woche kamen Lastwagen zum Lazarett und brachten die genesenen Soldaten wieder an die Front zurück. In der einen Woche nach Westen gegen die Amerikaner, in der Folgewoche an die Front gegen die Russen. Als wieder einmal die Lastwagen ankamen und die Soldaten einsammelten, dieses Mal würden sie wieder gen Westen fahren, kam William eine Idee. Er wusste, er würde in der nächsten Woche entlassen werden, und man würde ihn direkt an die Ostfront bringen. Doch, wenn schon Gefangenschaft, dachte er sich, dann lieber nicht bei den Russen. William wollte sich statt dessen von den Amerikanern gefangen nehmen lassen. So ging er also zu dem diensthabenden Oberarzt und schwindelte ihm vor, dass seine Einheit gerade im Westen gegen die Amerikaner kämpfen würde, und da die Lastwagen vor dem Lazarett genau dort hin fahren würden, so fragte er, ob er nicht mit fahren dürfte. Er sei ja schon quasi genesen. Der Oberarzt, ein älterer Mann mit wachen Augen, schneller Auffassungsgabe und einem gutmütigen Wesen begriff sofort was Sache war und ließ ihn augenzwinkernd ziehen. Angekommen an der Front, oder was eine Front hätte sein sollen, viel war ja von der einstigen Stärke lange schon nicht mehr vorhanden, da stellte sich die Frage, wie man sich wohl am Besten ergeben könnte. William wurde in ein Örtchen in der Nähe von Straßburg gebracht. Die Wehrmacht stand dort der Armee von General Patton[17] gegenüber und William kommandierte einen kleinen Trupp von acht Mann. Früher kommandierte er freilich die zehnfache Truppenstärke, aber nun war halt nicht mehr da. Und seine Männer waren auch eher bemitleidenswert. Alte Männer und halbe Kinder. Aber jeder von ihnen wurde mit einer Panzerfaust ausgerüstet, um die amerikanischen Panzer zu stoppen. Innerlich schluckte William. Wie sollte man sich ergeben können, wenn man mit Panzerfäusten an vorderster Front war? So lagen er und seine Männer an einem Weg in Deckung, bis eines morgens aus dem Wald, mit lautem Getöse, die amerikanischen Panzer auf einmal heraus stürmten. Gefolgt von Infanterie, kamen sie direkt auf Williams Stellung zu, und er fühlte, sein letztes Stündlein hätte geschlagen. Doch zum Glück dachten seine Männer gar nicht daran, den Heldentod sterben zu wollen. Als die Panzer sich näherten, da ließen sie alle ihre Panzerfäuste fallen und verschwanden schlagartig in alle Richtungen. William war froh darüber und zog sich ebenfalls zurück und fand in dem Örtchen einen Platz zum Übernachten. Am nächsten Morgen war die Ortschaft von amerikanischen Soldaten besetzt, eine gefangene Gruppe Deutscher saß mit erhobenen Händen auf der Straße. So ergab er sich ebenfalls und war heil froh, dass der Krieg nun für ihn beendet war. Die Gefangenen wurden in Güterwagen verladen, in denen sich schon allerlei Kisten befanden. William und seine Kameraden setzten sich auf diese Kisten, das war wesentlich bequemer, als auf dem Boden auszuharren. Sie wussten nicht, wohin man sie brachte, aber der Zug fuhr nach Süden. Regelmäßig, immer wenn der Zug hielt, öffneten die amerikanischen Soldaten die Waggons und gaben den Gefangen zu trinken. Aber sie erhielten keinerlei Verpflegung, und langsam knurrten die Mägen der Männer. War das eine Schikane? William fiel auf, dass jedes Mal, wenn die Amerikaner den Waggon öffneten und die Männer auf den Kisten sitzen sahen, sich die Soldaten verwundert ansahen und den Kopf schüttelten. Auch machten sie dann stets einige Bemerkungen über die *„krauts"* und lachten. Nach vielen weiteren Fahrtunterbrechungen ohne Nahrung wussten William und die Anderen dann irgendwann, wieso sie keine Verpflegung erhielten. Einer seiner Kameraden sah sich nämlich die Kisten, auf denen sie saßen, mal etwas genauer an. In ihnen befanden sich alle Verpflegungsrationen für die Deutschen. Sie lachten herzlich über sich, und an diesem Tag ließen sie es sich richtig gut gehen. In Marseille hielt der Zug, und sie wurden von dort in das Gefangenenlager 401[18) gebracht. Ein großes Areal, eingezäunt, bewacht und mit Stacheldraht versehen. Viel mehr war dort nicht. Jeden Tag kam ein amerikanischer Offizier mit einem Jeep in das Lager, um einige Deutsche für Arbeiten auszuwählen. Mal wurde jemand gesucht, der englisch sprechen konnte, mal ein Bäcker oder ein Elektriker. Jeder wollte aus diesem Lager raus, auch William. Und jeden Tag, wenn der Offizier wieder kam, da hoffte er, heute würde mal ein Künstler gesucht werden. Aber ein Künstler wurde nie gesucht. So beschloss William, dass er sich am nächsten Tag melden würde. Völlig gleichgültig, was für einen Beruf sie suchen würden, er würde sich melden. Am folgenden Tag dann wurde ein Friseur gebraucht und William meldete sich. Der Offizier nahm ihn sofort mit und fuhr in ein Lager. Dort gab es Baracken und Betten, alles war ordentlich und sauber, und man führte ihn zu einem Gebäude. Unten war dort eine Bar, ein Offiziers-Club, oben ein Raum mit Friseurstuhl und allem Gerät, dass so ein Friseur für seine Arbeit brauchte. Nun wurde es ernst. William hatte ja so gar keine Ahnung, wie man Haare schneiden würde. Doch glücklicher Weise kam er mit einem Gefangenen ins Gespräch, der ebenfalls als Friseur arbeitete. Dieser gab ihm Tipps, wie man denn schneidet, wie das Papier um den Hals gelegt wird, worauf er zu achten hätte. Damit würde er schon über die Runden kommen. Am nächsten Morgen kam der erste Kunde, ein Captain der US-Armee. Der Puls von William schoss in die Höhe, und seine Finger zitterten. Er war so aufgeregt, dass er sogar den Papierstreifen um den Hals zu legen vergaß. Ein Großteil der abgeschnittenen Haare rutschte so unter das Hemd des Captains, der sich wiederholt kratzen musste. Auch sah die Frisur, die ihm geschnitten wurde, absolut fürchterlich aus. Das war keine Frisur, das war eine Beleidigung für den Berufsstand eines jeden Friseurs. Doch der Captain, der zweifelsohne die Nervosität und Angst wahr genommen hatte, bedankte sich nur höflich und ging. Später schrieb William, hätte er einem deutschen Offizier so die Haare geschnitten, dann hätte man ihn sicher eingesperrt. Aber William entwickelte Ehrgeiz. Wenn er diese Arbeit schon verrichtete, dann wollte er es gut machen. Und er wurde immer besser. Ja, er wurde richtig gut, und beim Schneiden scherzte er mit den Soldaten, die seine Art sehr mochten. Sie nannten ihn „Bill," und diesen Spitznamen behielt er zeitlebens bei. William konnte mit Menschen. Er hatte stets ein offenes Wesen, ging auf Menschen zu, das brachte ihm viel Sympathie und Freundschaft ein. In dem Offiziers-Club unter seinem Friseurzimmer standen immer mal fast geleerte Flaschen umher, und William, der sich mit dem Betreiber anfreundete, durfte diese mitnehmen. Fortan bot er während des Schneidens dann den Soldaten auch noch neben einem Smalltalk auf gebrochenem Englisch einen Drink an. Die Soldaten schlossen ihn regelrecht ins Herz, und wenn sie zum Haare schneiden kamen, dann brachten sie ihm kleine Geschenke mit. Eines Tages lag unten im Offiziers-Club ein Kästchen mit Farben und Pinseln in der Ecke, die einer der Soldaten dort liegen ließ. Nachdem sie keiner zurück haben wollte, durfte William sie behalten. Zum Dank dafür malte er auf eine der Wände eine wunderschöne junge Dame, nur spärlich im Bikini bekleidet. Die Soldaten waren begeistert. Auch fragte William den verantwortlichen Offizier, ob er nicht sein Friseurzimmer mit selbst gemalten Bildern verschönern dürfte. Dem Offizier gefiel die Idee, und er sorgte sogar dafür, dass William Leinwände und noch mehr Farbe erhielt. Es dauerte nicht lange, und einer der Soldaten fragte ihn während des Haareschneidens, ob William ihm nicht ein Gemälde seiner Familie malen könnte und reichte ihm eine Fotografie. Das Bild würde er dann als Weihnachtsgeschenk in die USA senden. Und so kam es dann, das der Kriegsgefangene und Friseur William, den die Soldaten liebevoll „Bill" nannten, doch noch als Künstler arbeiten konnte. Eines Tages kam Captain Spatz auf William zu, zwischen ihnen entwickelte sich eine langjährige Freundschaft, weit über den Krieg hinaus. Auch Captain Spatz äußerte den Wunsch, ob er nicht ein Bild bekommen könnte, was William auch gerne tat. Spatz war begeistert von dem Bild und klopfte William auf die Schulter: „Komm mit, ich muss Dir was zeigen, Bill." Der Captain führte ihn in einen Raum mit Fenstern und schönem Tageslicht. „Hier, Bill, das wollte ich Dir zeigen. Das ist Dein neues Atelier. Hier bist Du viel besser aufgehoben." William traute seinen Augen nicht. Farben, Pinsel Leinwände, gutes Licht zum Arbeiten. Er konnte es kaum fassen. Und er würde bald reichlich zu tun bekommen. Immer mehr US-Soldaten wünschten sich ein Bild, und William malte unermüdlich, jedes Detail arbeitete er heraus. Was im Übrigen gar nicht so einfach war, denn je mehr Auszeichnungen auf der Uniform zu sehen waren, desto präziser musste er sie auch darstellen. Die Soldaten klopften ihm anerkennend auf die Schulter und meinten, in Amerika würde Bill ein reicher Künstler werden. In diesen Tagen wurde der Samen in seinen Kopf eingepflanzt, der keimen und nach und nach reifen würde. Amerika! Was für eine spannende Idee.

Dann war der Krieg vorbei, und nach und nach wurden die Gefangenen entlassen. Mehrmals musste sich William bei Captain Spatz melden. William hätte schon lange das Lager verlassen dürfen, er war längst frei. Doch er blieb. Er blieb, und er malte unermüdlich weiter. Denn wohin sollte er auch gehen? Seine Heimat Ostpreußen war von den Sowjets besetzt, und wo sich seine Frau Margaret und Tochter Heidi befanden, das wusste er auch nicht. Lebten sie überhaupt noch? Es zog ihn nichts weg von diesem Ort. Doch nachdem er sich erneut beim Captain melden musste, warf ihn dieser regelrecht raus. „Bill, hier sind nur noch ein paar Offiziere im Lager, und Du. Das Lager wird aufgelöst, Du musst jetzt gehen." Er händigte William alle notwendigen Papiere aus. Der schaute jedoch nur traurig zu Boden. „Hast Du wirklich keinen Ort, wohin Du gehen kannst?" Captain Spatz legte seine Hand auf Williams Schulter und gab ihm noch einen Zettel mit einer Adresse drauf. „Hier, Bill. Wenn Du nicht weißt, wo Du hin willst, dann fahre doch nach Gießen.[19)] Dort hat ein Freund von mir eine Bar eröffnet. Der wird Dir helfen."

So fuhr William dann nach Gießen. Es war eine chaotische, eine schlimme Zeit. Fast alles war zerstört. Familien waren getrennt, und die Kriegsheimkehrer wussten nicht, wo ihre Angehörigen steckten, ob sie überhaupt noch am Leben waren. Und jeder musste sehen, wie er überleben konnte. Der Freund von Captain Spatz betrieb dort eine Bar für die US-Soldaten namens "The Cup and Saucer." Dort gab es die Möglichkeit, sich zu amüsieren, dort gab es Alkohol und Musik, und zweifelsfrei auch nette Damen, die ihr ganz eigenes Geschäftsmodell hatten. William konnte dort unterkommen, und er konnte wieder künstlerisch arbeiten. Er malte für die Bar Plakate und Werbezettel. So schlug er sich durch in jenen Tagen. Nachts trieb es ihn oft an den Fluss, dort angelte er, dort träumte William von einem besseren Leben. Plötzlich hörte er ein Geräusch, ein Mann näherte sich ihm. William versteckte sich sofort, denn es war eine unsichere Zeit. Der Mann tat das Gleiche, anscheinend hatte er William gar nicht im Dunkeln bemerkt. So lugten dann beide neugierig aus ihrem Versteck heraus, und da wohl keine Gefahr bestand, begrüßten sie sich. Der Mann kam ebenfalls aus Ostpreußen, und so freundeten sich die beiden schnell an. Regelmäßig trafen sie sich fortan zum Fischen oder reden. Eines Tages weihte sein neuer Freund William in ein Geheimnis ein: „Weißt Du, ich habe vor einiger Zeit nachts ein paar Leute vom Schwarzmarkt gesehen, wie sie ihre Ware vergruben. Als sie weg waren, habe ich mir etwas abgezweigt und meinen eigenen Bunker angelegt. Wir sind Freunde, und ich zeige Dir, wo er ist. Du kannst Dir gerne nehmen, was Du brauchst." Ein paar Tage später sah William ihn dann zum letzten Mal. Danach war er weg, einfach weg. Menschen kamen und gingen in jenen Tagen. Er berichtete auch noch von einem anderen Kontakt. Er traf in Gießen einen alten Kameraden wieder, der im Krieg einen Arm verlor. Um über die Runden zu kommen hielt er sich mit dem Stibitzen von Brieftaschen über Wasser. Vornehmlich bei angetrunkenen US-Soldaten, die auf dem Weg zu den Amüsierdamen waren, versuchte er sein Glück. Eines Tages, als William ihn mal wieder traf, war „Einarm," seinen Namen erinnerte er später nicht mehr, grün und blau geschlagen. Eine Gruppe Soldaten erwischten ihn beim Langfingern und trieb es ihm gründlich aus. Auch „Einarm" war eines Tages wie vom Erdboden verschwunden. Menschen kamen und gingen. William blieb in Gießen, und es vergingen ein paar Jahre, bis er dann die Nachricht erhielt, dass seine Frau und Tochter noch am Leben seien würden. Sie befanden sich noch immer in der sowjetischen Besatzungszone, aus der er sie dann nach Gießen holte. Später schrieb William, dass seiner Frau die schlimmsten Dinge dort widerfuhren. Was, das sagte er nicht, aber es ist auch nicht so schwer, es zu erahnen. Endlich, Anfang der 1950er in Gießen, waren sie alle wieder zusammen, und das Leben besserte sich. William, Dank seiner Kontakte zu den Amerikanern, bekam eine Anstellung als Drucker in der Quartiermeisterei der US-Armee in Gießen, und die Familie bezog eine kleine Wohnung. Doch da war noch immer sein Traum, ein Künstler zu sein. Amerika. Warum nicht nach Amerika? Dieser Gedanke trieb ihn um. Sein Vorgesetzter war ein Colonel, der William sehr gewogen war. Nach Amerika auszuwandern war nicht leicht, so riet ihm der Colonel stattdessen, es lieber in Kanada zu versuchen. Kanada war groß und dünn besiedelt, dort hätte er gut Chancen. Auch besorgte der Colonel sämtliche Papiere für die Einwanderung. Der Wunsch wurde zum Entschluss, und er besprach es mit Margaret. Er würde nach Kanada ziehen, und sobald er es sich leisten könnte, würde er die Familie nachholen. Weihnachten 1951 feierten sie noch zusammen in Gießen, danach würde sein großes Abenteuer beginnen.

Über den großen Teich

Nachdem er sich von Margaret und Heidi schweren Herzens verabschiedete, fuhr der mittlerweile 37jährige William nach Bremerhaven, um sich dort nach Kanada einzuschiffen. Neben einiger Habseligkeiten nahm er auch einen kleinen Werkzeugkoffer mit. Er wollte ja in dem dünn besiedelten Land ein Holzhaus bauen für seine Familie und sich, und dort würde man sicher nur schwer an Werkzeug kommen. Also packte er einen Hammer, eine leicht verbogene Säge und diverse rostige Nägel ein und führte den Werkzeugkasten zufrieden mit sich. Damit ließe sich ein wunderbares Haus bauen. Es würde ein wunderschönes Haus werden, und sie würden eine Farm aufbauen und Kühe haben. Nach einer rund zweiwöchigen Überfahrt landete er endlich in der Hafenstadt Halifax,[20] in der Provinz Nova Scotia.[14] Er meldete sich direkt am Hafen bei der Einwanderungsbehörde und legte seine Papiere vor. Der Beamte prüfte die Unterlagen, schaute sich das Gepäck des Einwanderers etwas genauer an und wollte dann wissen, was er in seiner kleinen Werkzeugkiste haben würde. Stolz zeigte William ihm Hammer, Säge und die Nägel. Der Beamte runzelte nur ungläubig die Stirn und schaute den Deutschen mit großen Augen an. Dachte dieser Deutsche wirklich, in Kanada gäbe es kein Werkzeug? Lachend stempelte er Williams Papiere ab. Nun endlich würde das große Abenteuer beginnen können. Zuvor aber ging er noch einmal zum Anlegekai und nahm seinen Werkzeugkasten aus dem Gepäck. Im hohen Bogen warf er die Kiste mit den rostigen Nägeln und dem lausigen Werkzeug in das Hafenbecken, und dort liegt sie wohl auch heute noch.

Um sich zu orientieren, sprach er zunächst mit einigen Hafenarbeitern, die ihm bereitwillig Auskunft erteilten und auch ein paar Ratschläge für ihn parat hatten. Zunächst suchte er sich ein Zimmer. In der Wellington Street, für monatlich 50 Dollar, im ersten Obergeschoss, direkt über einem Geschäft, da fand er seine erste Bleibe in der neuen Heimat. Auch wenn William als Künstler arbeiten wollte, zunächst einmal suchte er sich einen Job, irgend etwas, damit er seine nicht geringe Miete zahlen könnte. Und William war fleißig. Wenn er ein Ziel hatte, dann setzte er es auch um. Er war sogar sehr fleißig, obwohl er in späteren Jahren auch sagte, dass er gerne mal faul sei. Für 60 Cent in der Stunde arbeitete er fortan in einer Druckerei. Nachts, für den gleichen Tarif, da putzte er in einem Hotel. Und in der Zeit dazwischen malte er seine Bilder. Einige davon durfte er in dem Geschäft unter seinem Zimmer ausstellen, und es kam auch immer wieder vor, dass er dort eines verkaufte. Williams Portraitmalereien, die schon die US-Soldaten beeindruckten, fanden zunehmend in Halifax Absatz. Sein weiteres Leben änderte sich an dem Tag, an dem Audrey O'Brien ihn aufsuchte. Sie hatte eines der Portraits von William in dem Geschäft unter seinem Zimmer gesehen, und sie wollte von ihm Malunterricht bekommen. Sie war eine elegante und resolute junge Dame mit lockigem blonden Haar, die aus wohlhabendem Hause stammte. Da ihr Verlobter noch im Medizinstudium steckte, danach wollten beide heiraten, wollte sie die Zeit also nutzen, um die Malerei zu erlernen. Das Englisch von William war zu der Zeit noch recht unvollkommen, seinen deutschen Akzent verlor er nie, und so bot er Audrey an, sie könne ihm ja über die Schulter schauen. Seine erste Schülerin. Zwischen beiden entwickelte sich eine Freundschaft, und nach und nach erfuhr Audrey mehr aus seinem Leben. Eines Tages erzählte er ihr, dass er noch fünf Jahre sparen müsste, dann aber könnte er seine Familie aus Deutschland nach Kanada holen. Als die Malstunde beendet war sagte Audrey, sie würde ihn morgen im Auto abholen, um ihm etwas zu zeigen. William war neugierig, aber er dachte sich nichts Besonderes dabei. Als sie ihn am nächsten Tag dann abholte, fuhren sie direkt zur Einwanderungsbehörde. Resolut sprach sie den Beamten an: „Wir sind hier, um die Familie von Mr. Alexander nach Kanada zu holen." Dabei legte sie 600 Dollar auf den Tisch. William wusste nicht, was er sagen sollte. So einen Batzen Geld sah er noch nie auf einem Haufen. Wie sollte er diese Summe denn nur zurück zahlen? Es sei erwähnt, dass Audrey diese Summe niemals einforderte. Als dann Wochen später Margaret und Heidi in Halifax ankamen, da standen William und Audrey an der Mole. Audrey brachte einen Blumenstrauß mit. Einen größeren Blumenstrauß hatte William bis dahin noch nie gesehen gehabt. Audrey öffnete William aber auch diverse Türen durch ihre guten Kontakte. Seine Portraits waren zunehmend begehrt, und so ließen sich mehr und mehr von ihm malen. Auch bekam er einige neue Schüler aus dem Umfeld von Audrey.

Er ließ keine Chance aus, um sich etwas zu verdienen. Freilich, nicht immer ging alles gut. Als ihm angeboten wurde, er könne in der Bäckerei ein paar Schichten arbeiten, da stellte sich William vor Ort so gut und so fleißig an, dass der Inhaber ihn sofort zum Bäcker ausbilden wollte. Das aber stieß bei den anderen Lehrlingen, alles kräftige Jungs aus Halifax, so gar nicht auf Gegenliebe. Das ihnen so ein hergelaufener „kraut" aus Deutschland den Rang ablaufen könnte, das ging so gar nicht. Und bevor die Jungs ihm das mit ihren Fäusten in aller Deutlichkeit erklären würden, da entließ er sich quasi selbst und kündigte sofort. Nachdem er einen älteren Herren portraitierte, der mit seiner Arbeit sehr zufrieden war, bot ihm dieser an, sich etwas dazu zu verdienen. Der ältere Herr war ein hohes Tier bei der Eisenbahn, und um die Weihnachtszeit herum, da suchte die Bahn immer fleißige Hände. Sofort nahm William an und fuhr als Tellerwäscher in der Bahn durch Kanada. Er kam durch viele große Städte, und wenn der Zug dort einen längeren Aufenthalt hatte, dann schaute er sich immer wieder gespannt um. Einmal entdeckte er eine Druckerei, und William ging einfach hinein. Mal sehen, ob er hier mit seinen Fähigkeiten einen Job bekäme. Nicht, dass William an jenem Tag ernstlich seinen Job hätte wechseln wollen. Aber, man kann ja mal schauen, wie der eigene Marktwert so ist. Der Chef empfing ihn freundlich, und William zählte sofort auf, was er als Drucker alles konnte. In Halifax bekam er nach wie vor 60 Cent pro Stunde in der Druckerei. Hier, in einer größeren Stadt, da pokerte er und sagte, dass er für 80 Cent die Stunde anfangen könnte. Sein Gegenüber lachte nur: „Mr. Alexander, wenn Sie das alles wirklich können, dann zahle ich Ihnen sogar drei Dollar die Stunde." William bedankte sich, um es sich zu überlegen. Er war baff, was er bekommen sollte. In der nächsten Stadt, es war schon eine echte Großstadt, da wiederholte er sein Experiment. Vier Dollar die Stunde würde er bekommen. Am Ende der Fahrt, in Toronto,[22] da bot ihm einer sogar fünf Dollar. Zurück bei Margaret, der er alles aufgeregt berichtete, da fasste er einen erneuten Entschluss: „Margaret, lass uns nach Toronto gehen." Und Margaret, die ihren Ehemann über alles liebte, und die ihren Mann stets unterstützte, stimmte zu. Ob sie aber mit Freude zustimmte, das mag man bezweifeln. Ein neuer Umzug stand bevor, und es würde nicht der Letzte sein. Das wirklich große Abenteuer fing ja gerade erst ganz langsam an.

Wir müssen kurz darüber reden: „Gutes Geld" und „lausiges Geld"

Die längste Zeit seines Lebens war William nicht wohlhabend, und er kam damit zu Recht. Er hatte nicht das zwanghafte Bedürfnis, reich zu sein. Auch von der Natur des Geldes verstand er wenig, abgesehen davon vielleicht, dass er wusste, dass es gut war, welches zu haben. Doch war er nie ein Geschäftsmann, wie wir später noch zur Genüge erfahren werden. Hatte er Geld, dann gab er es freimütig aus. Er benutzte es, wie ein Künstler es benutzen würde. Er hatte Ideen und drückte sich mit diesen Ideen aus. Projekte aller Art setzte er um, viele scheiterten kläglich, was er aber stets mit Humor nahm. Und hatte er kein Geld, so war das dann für ihn auch in Ordnung. Aus armen Verhältnissen stammend, konnte er sich bescheiden. So war es in Ostpreußen, und später auch in Kanada und den USA. Wenn er mit seiner Lebensgefährtin durch das Land fuhr, dann schliefen sie notfalls im Wagen oder unter freiem Himmel. Der finanzielle Durchbruch kam erst spät, ab 1974, da war er schon 59, als seine TV-Show *„The Magic of Oil Painting"* über den Fernseher flimmerte. *„Happy bucks"* und *„lousy bucks,"* diese beiden Begriffe hatte William oft benutzt. In fast jeder Folge seiner TV-Show sinnierte er darüber. Und es stand eine Weltanschauung dahinter. Seine Weltanschauung. Lausiges Geld war unredlich verdientes Geld. Indem man jemanden betrügt, zum Beispiel - oder wenn man Kriege führte, um zu verdienen. Dazu gibt es eine nette Anekdote: Er selbst erlebte es einmal, als er gerade nach Kanada ausgewandert war. Er wollte sein kleines Auto verkaufen und stattdessen einen VW-Bus erstehen. Also ging er zu einem Autohändler, und von dem war William vollkommen beeindruckt. Dieser Verkäufer, mit seinem herzlichen Lächeln und seiner charmanten Art, war grandios. Und er machte William ein so lukratives Angebot, da musste er einfach zuschlagen. Ein fast neuer VW-Bus, wenig gelaufen und top in Schuss. Diesem Verkäufer glaubte er alles. Und so schlossen sie einen Vertrag, und als der Autohändler sagte: „Mr. Alexander, wollen Sie den Vertrag denn nicht mal lesen?" Da winkte dieser nur ab: „Wir haben alles besprochen, warum soll ich ihn noch lesen?" Später erinnerte sich William, dass er diesem Mann alles blind abgekauft hätte. Nachdem er mit dem VW-Bus los fuhr, blieb er jedoch nach wenigen Kilometern stehen. In einer Werkstatt stellte sich dann heraus, dass dieser Wagen weder neu noch top in Schuss war. Wutentbrannt ging William zurück zum Autohändler. Der freundliche Verkäufer mit dem herzlichen Lächeln war jedoch auf einmal nicht mehr da, statt dessen kam ein anderer Mitarbeiter. William war außer sich: „Wie konnte er mir ein so altes Auto andrehen?" Unbeeindruckt und nahezu emotionslos meinte der Kollege nur, den Vertrag nicht einmal ansehend: „Aber, Mr. Alexander. Haben Sie denn den Vertrag nicht gelesen?" Dort stand nämlich deutlich drin, dass der Wagen alt und nicht in gutem Zustand war. William verstand, dass die ganze Art des Händlers nur eine Show war, um ihn einlullen zu können, damit dann der Vertrag ungelesen unterschrieben würde. Doch so leicht wollte er nicht aufgeben und ging zur öffnetlichen Rechtsberatung. Nach einigen Stunden der Warterei schilderte er einem Juristen die Sachlage. Dieser besah nur kurz den Vertrag und meinte, ob er denn nicht lesen könne. Noch lange Zeit ärgerte sich William darüber, wohl am Meisten über sich selbst. Diese schäbige Art, sein Geld zu verdienen, das waren für ihn „lousy bucks."

Aber auch, wenn man ehrlich in Lohn und Brot steht, da gibt es „lousy bucks." Nämlich immer dann, wenn man einen Job ausübt, nur um irgendwie über die Runden zu kommen. Er sagte, wenn man in seinem Berufsleben nur darauf hin fiebert, einmal im Jahr zwei Wochen Urlaub zu haben, und man ansonsten nur etwas tut, um so die Miete zahlen zu können, und man keine Lust zu dem hat, was man tut, man sich morgens zwingen muss, zur Arbeit zu gehen, dann ist das kein gutes Leben. Dann verdient man nur lausiges Geld und hat das Leben nicht verstanden. „Happy bucks," das gute Geld, das glückliche Geld, das verdient man immer dann, wenn man einer Tätigkeit nachgeht, die einem Spaß bringt und Freude bereitet. Gleichgültig, was für eine Tätigkeit es ist. Wenn sie einen ausfüllt, wenn sie einen glücklich macht, dann ist es gutes Geld. Auch wenn es wenig sein mag, was man so verdient, die Zeit, die eigene positiv ausgefüllte Lebenszeit, das ist das Wichtige. Man weiß es kaum. War er ein malender Philosoph oder ein philosophierender Maler?

Der lange Weg zum „Happy Painter"

Die Familie fühlte sich wohl in Toronto, obwohl in den 1950ern die Stadt längst noch nicht das war, was sie heute ist. Ehefrau Margaret arbeitete als Kürschnerin, William in der Druckerei. Auch malte er und nahm sogar Unterricht an einer Kunstschule. Sein Chef, ein schwer reicher Mann der pferdevernarrt war und mindestens zwei Dutzend Rennpferde zu seiner Erbauung besaß, schätze den Deutschen sehr. William war fleißig, und er lernte dazu. Und das sehr schnell. Auch kannte sich William noch mit all den alten Druckmaschinen aus, die keiner sonst mehr warten konnte. Und wenn man ihm einen Auftrag erteilte, dann sagte William nur, man möge ihm eine Woche geben, oder auch mal zwei. Und dann setzte er das Gewünschte in bester Qualität um. Eines Tages machte sein Chef einen Millionendeal mit der Regierung. Seine Firma sollte medizinische Röntgenbilder auf Mikrofilm bannen. Eine zu der Zeit noch recht neue Technik, die auch längst noch nicht ausgereift war. Natürlich wandte er sich an William, der das irgendwie umsetzen sollte. Und William kniete sich hinein, tüftelte rum, denn die Schwierigkeit war, dass das Röntgenbild meist undeutlich zu sehen war, wichtige Details fehlten. Also experimentierte er unermüdlich an der Beleuchtung rum, an diesem oder jenem. Kurz, am Ende gelang es ihm. Sein Chef war begeistert und bot ihm darauf hin eine neue, noch besser dotierte Stellung an. Doch William zögerte. Was war aus seinem Traum geworden? Er wollte doch Künstler werden. Malen. Und nun war er Drucker. Er verdiente zwar Geld für den Lebensunterhalt, aber das war doch nicht sein Traum, den er hier lebte. Er wollte das Leben eines Künstlers leben. Frei und selbstbestimmt. So entschloss er sich also, seine Festanstellung aufzugeben. Sehr zum Unmut seiner Frau Margaret.

Nachdem William in Amerika als Maler öffentlich bekannt wurde, griff er immer wieder in seiner TV-Show (The Magic of Oil Painting) dieses Thema auf. Bevor er zu malen anfing, hielt er stets eine flammende kurze Ansprache. Oftmals beschwor er die Menschen, sich stets zu fragen, was sie in ihrem Leben machen wollten. Und er sagte, sie würden ein glückliches Leben führen, wenn sie das täten, was ihnen wichtig sei. Sie sollten nicht für 14 Tage Urlaub im Jahr einer Arbeit nachgehen, nur um so zu existieren. Sie sollten ihr Leben aktiv leben, und sie sollten das tun, was sie wollten und ihnen wichtig sei. So wären sie frei, so könnten sie ein glückliches Leben führen. Sie müssten es nur wagen und wollen. William blieb sich und seinem Motto zeitlebens treu, wie wir noch an anderer Stelle auf dramatische Weise erfahren werden.

William malte viel. Portraits, aber auch die von ihm geliebten Landschaften, die Mutter Natur darstellten. Besonders mit seinen Landschaften traf er den Nerv seiner Zeit, in fast jeder Wohnung hingen damals Landschaftsszenen. Er hatte auch einen kleinen Galeristen, der seine Bilder verkaufte. 30 Prozent für William, der Rest für den Partner. Eine Zeit lang ging es gut, doch dann wurde das Verhältnis beendet. Und wieder einmal kam ihm der Zufall zu Hilfe. Er lernte den Besitzer eines Baumarktes kennen. Der war von seinen Bildern so angetan, dass er William direkt engagierte, damit er vor den Kunden malen würde. Zwischen den Regalen baute er seine Staffelei auf und erstellte Portraits. Und es funktionierte. Eines Tages kam eine Dame auf William zu und sagte: „Mr. Alexander, Sie verdienen einen besseren Ort, um zu malen." Die Dame, eine Mrs. Parker, erkannte schnell sein Potential. Ihr Mann war ein hohes Tier beim altehrwürdigen „Hudson´s Bay Company store,"[23] und sie zog William regelrecht aus diesem Baumarkt heraus. Fortan malte er zu deutlich besseren Konditionen. Zunächst wurde William mit seiner Staffelei in ein Schaufenster gestellt, und die Menschen standen auf der Straße und schauten phasziniert zu. Später wurde er in dem Markt eingesetzt. Mal in der Oberbekleidungsabteilung, mal beim Porzellan. Immer dort, wo die Firmenleitung die Kunden hin locken wollte. Das Konzept funktionierte, und in diesen Jahren wurde er von vielen Shopping Centern engagiert. Toronto, Vancouver,[24] Montreal[25] und bis in die USA hinunter. Die Shopping Center wurden sein Atelier. William hatte einen VW Bus, mit dem er von Center zu Center tourte. Auch hatte er eine Lizenz, dass er vom Wagen aus seine Gemälde auf der Straße verkaufen durfte. Dieser Bus war ein echter Blickfang. Hellblau war er, und William bemalte den ganzen Bus mit bunten Fischen und Pflanzen. Der Bus sah aus wie ein fahrendes Aquarium, selbst auf den Scheiben waren noch allerlei bunte Fische dargestellt. Oben auf dem Dach war ein Gepäckträger für die Staffeleien, und auf den Türen stand der Werbeschriftzug: *„The Old Master Painter from the Faraway Hills."* Er liebte diese Zeit. Vor Publikum malte er seine Bilder, und er scherzte mit Ihnen, machte eine richtige Show daraus. Er flirtete mit den jungen Frauen ebenso wie mit ihren Müttern. Das Publikum liebte ihn und die Show, die er abzog, während er seine Bilder malte. Viele der Zuschauer tingelten von Center zu Center hinter ihm her, um ihn zu erleben, und auf Plakaten wurde er angekündigt: „Der Meistermaler WB Alexander - der Künstler von hinter den Bergen - ist von 09.00 bis 17.00 am Montag bei uns im Shopping Center." So und ähnlich preiste man ihn an. Um ihn noch ein wenig bedeutsamer erscheinen zu lassen, las man dann auch, er würde in Kürze eine große Tournee von Kanada, über die USA bis nach Südamerika beginnen. Die Leute kamen, und sie kauften auch. William erkannte jedoch ein Problem. Das Malen seiner Bilder dauerte, und die Ölfarbe musste ja auch erst noch trocknen. Bis ein Gemälde fertig war, das dauerte gerne mal drei Wochen, alles in allem. Zwar verkaufte er regelmäßig seine Bilder, doch bis zum Ende des Monats konnte er nicht genügend Bilder produzieren, um ausreichend zu verdienen. Ihm war bewusst, er würde nicht auf einen grünen Zweig kommen, es reichte hinten und vorne nicht. Seine Frau Margaret riet ihm schon, er möge doch wieder in der Druckerei arbeiten. William suchte nach einer Lösung. Zunächst malte er kleinere Gemälde, von denen er dann natürlich mehr produzieren konnte. Doch leider konnte er die auch nur für weniger Geld verkaufen. Er überlegte lange, dann kam ihm eine brillante Idee. Er würde seine gesamte Maltechnik umkrempeln. Es war Anfang der 1960er, als er seine „Nass-in-Nass-Technik" entwickelte, doch davon im späteren Kapitel mehr. Diese Malweise ermöglichte es ihm fortan, komplexe Gemälde - Landschaften, Stilleben, Blumenmotive, was auch immer, innerhalb von nur 30 Minuten zu malen. Das war eine Revolution, das gab ihm ganz neue Möglichkeiten. Er bemalte große Leinwände. Die Formate, die sich am Besten veräußern ließen, und er benutzte große, breite Pinsel, wie aus dem Baumarkt, zum Malen. Das ging erheblich schneller als mit den kleinen Künstlerpinseln. Die handelsüblichen kleinen Malspachtel entsorgte er ebenfalls. William nahm einen Baumarktspachtel und schliff ihn in die Form, die er haben wollte. Sein „allmächtiges" Malmesser war geboren.

Nun konnte er ausreichend produzieren. Wenn er nun malte, und das Publikum umringte ihn, da schuf er seine Werke in kürzester Zeit. Eines Tages jedoch, beim Malen in einem Shopping Center, da geschah Folgendes. Virtuos erstellte er gerade ein Stilleben. Das Motiv war eine Geige auf einem Geigenkasten. Nach einer halben Stunde etwa war das Werk entstanden. Und es war gut, sehr gut. Ein Mann hatte die gesamte Zeit zugesehen. Er war Musiker, und er war phasziniert von diesem Bild. Er wollte es kaufen. William nannte ihm den Preis, 160 Dollar. Das war eine Menge Geld. Der Musiker erwiderte, er könne für das Bild nicht so viel zahlen, maximal 60 Dollar. Sie verhandelten über einen längeren Zeitraum, gingen zusammen einen Kaffee trinken und verhandelten weiter. Der Musiker meinte, für ein Bild, das in 30 Minuten entstanden ist, dafür könne er nicht so viel Geld ausgeben. William erwiderte, er brauchte Jahre, um so malen zu lernen, und auch ein Arzt, der in wenigen Minuten einen Blinddarm entfernt, der bekommt dafür einen vierstelligen Betrag bezahlt. Der Musiker stimmte ihm generel zu, aber, so äußerte er sich, da er ja sah, wie schnell es von der Hand ginge, da sagte ihm seine innere Stimme, das könne er nicht ausgeben dafür. Freilich, hätte er nicht gesehen, wie das Werk entstand, er hätte auch 300 Dollar gezahlt. Der Musiker kaufte es am Ende also nicht, aber er gab ihm einen Rat. „Bill," sagte er und schaute ihm dabei tief und ernst in die Augen. „Ich gebe Ihnen einen guten Rat. Malen Sie diese wunderbaren Bilder. Aber zeigen Sie niemals den Menschen, wie es geht." Zu dieser Zeit etwa zerbrach die Ehe mit Margaret. Sie hatten seit Kriegsende viele Höhen und Tiefen erlebt. Das aufreibende Künstlerleben, mit all den Tiefschlägen, dem ewigen hin und her, das war dann irgendwann zu viel für sie. Und nun, da Tochter

Heidi einen feschen jungen Mann heiratete und aus dem Hause war, da trennten sie sich. Schnell ebbte der Kontakt ab, auch zu seiner Tochter. William lebte wie zuvor: Er malte in Shopping Centern, er verkaufte Bilder und gab privaten Unterricht. Auch hatte er einen Agenten, der für ihn seine Gemälde veräußerte. Zu der Zeit lebte er bescheiden außerhalb von Montreal. Ende 1962 dann hatte er seine erste eigene Ausstellung. Sie fand in Toronto statt, im legendären Casa Loma.[26)] Er verkaufte gut und knüpfte weitere wichtige Kontakte. Mit Menschen konnte er schon immer gut umgehen, und er war ein Charmeur. William konnte jedem Menschen das Gefühl geben, etwas ganz Besonderes zu sein. Vermehrt gab er nun Unterricht, besonders in den gehobeneren Kreisen, und noch immer klapperte er die Galerien ab. Doch der große Durchbruch ließ noch auf sich warten.

Ihm kam die Idee, sein Glück doch einmal in Kalifornien zu versuchen. In sein „fahrendes Aquarium" packte er alle seine Gemälde und seine Staffeleien. Es wäre doch gelacht, würde er nicht in Los Angeles Galerien finden, die seine wunderschönen Landschaften vekaufen wollten. Kurz, er fand sie in Los Angeles nicht. Dafür aber knüpfte er dort einen wichtigen Kontakt. In einer der vielen Galerien, in denen er vergeblich vorstellig wurde, malte gerade eine Gruppe Damen ein Bild nach. William gesellte sich dazu und betrachtete die Leinwände. Eine der Damen war Martha Dixon. Sie war kultiviert und elegant, vielseitig interessiert. Einst studierte sie Gesang in Paris, num lebte sie mit ihrem Mann in einer schicken Villa in den Hollywood Hills[27)] und gehörte zu dem, was man wohl „gehobene Kreise" nennt. Lächelnd drehte sie sich zu William um, und so kamen beide ins Gespräch. Mrs. Dixon nahm schon seit Längerem Malunterricht. Ihr Lehrer brachte den Schülern bei, ein Bild in unzählige kleine Punkte zu zerlegen, und es so stückweise zu malen. Seit Monaten arbeitete sie schon an ihrem Gemälde. William schüttelte sich leicht bei dem Gehörten. Da sitzt man ja Ewigkeiten an einem Bild. Er zeigte Mrs. Dixon seine Bilder, die so ganz anders waren. Mrs. Dixon war begeistert, und sie bat William zu sich nach Hause, damit er ihr Unterricht in seiner Maltechnik geben würde. William berichtete später, dass sie ihm, als er Hunger bekam und sein Magen anfing zu knurren, deutschen Kartoffelsalat mit Hähnchen servierte. Es war der leckerste Kartoffelsalat, den er je aß. Martha, die seine erste Schülerin in Los Angeles war, wurde in späteren Jahren eine erfolgreiche Künstlerin. Auch entstand eine Freundschaft fürs Leben. Doch zunächst kam er selbst als Künstler und Lehrer in Los Angeles nicht vorran. So fuhr er zunächst zurück nach Kanada.

So Ende 1962 war es wohl, als er sich mit 47 Jahren entschloss, seine eigene Malschule zu gründen, um so gleich einer ganzen Klasse Unterricht erteilen zu können. Am Rande von Toronto mietete William für günstiges Geld ein Haus mit vier geeigneten Räumen und lehrte dort fortan seine Maltechnik. Er hatte viele Schüler, die eifrig seine Malweise erlernen wollten. Vom Anwalt bis zum Arzt, vom Lagerarbeiter bis zur Hausfrau. Es wurde fast den ganzen Tag lang gemalt, und er wollte aus allen „allmächtige Künstler" machen. Nach wie vor war er umtriebig. Weiterhin malte William in den Shopping Centern oder verkaufte seine Gemälde direkt von seinem VW-Bus aus. Doch zu Wohlstand kam er noch immer nicht. Es reichte fürs Brot, aber selten für die Butter.

Zu dieser Zeit trat eine neue Frau in sein Leben: Anna Margarete Nolte (auch bekannt als Annegret de Vries). William verkaufte gerade aus seinem VW-Bus heraus Bilder, als sie auf der Straße vorbei kam. Sie hieß fast wie seine erste Frau, war aber vom Wesen gänzlich anders. Sie arbeitete in einem Büro in Toronto, interessierte sich für Malerei, spielte Guitarre und schrieb Liedtexte und Gedichte. Sie war die perfekte Ergänzung für den Künstler William. Sie kümmerte sich um ihn, sie unterstützte ihn und hielt ihm auch den Rücken frei - sie glaubte rückhaltlos an ihn. Beide spürten schnell, dass sie zusammen gehören würden bis ans Ende ihrer Tage. Und es würde noch Jahrzehnte dauern, bis ihre Beziehung erste Risse bekäme, doch am Ende blieb nur ein tiefer Graben übrig. Und William trug die Schuld. Er machte vieles falsch in seinem Leben. Nicht aus Bosheit, er hatte einen warmherzigen und gütigen Charakter, aber er traf eben oftmals im Privaten falsche Entscheidungen, die er hinterher bitter bereute, wie sein Ziehsohn später berichtete. Er sagte dann immer, dass er diese Fehler begehen würde, damit die Anderen daraus lernen und sie nicht nachmachen würden." Den Fehler, den er bei Anna Margarete begehen würde, den bereute er für den Rest seines Lebens, doch davon später mehr.

Die kanadischen Winter waren lang und kalt. Anna Margarete und William beschlossen deshalb, wie so viele vor ihnen, den Winter im warmen Kalifornien zu verbringen. Auch wollte er einen neuen Anlauf nehmen, um in Los Angeles Erfolg als Künstler zu haben. Der VW-Bus wurde erneut bepackt, dieses Mal würde er es schlauer anstellen. Sie mieteten sich in einem Mietshaus ein. Es war schäbig, aber deshalb auch so günstig. Um neue Schüler zu finden, denen er Unterricht erteilen könnte, inserierte William in der Zeitung. Die Anzeige war klein, und sie war sicherlich auch nur schwer zu finden. Dennoch, jeden Tag hofften die beiden, das Telefon würde klingeln. Das tat es aber nicht. „Das war ein schlechter Plan," murmelte William. Sie müssten es geschickter anstellen. So besann sich William auf das, womit er schon in Kanada Erfolg hatte. Er ging zu den Shopping Centern. Dort nahm man ihn freudig auf, und so malte er wieder vor Publikum und gewann erneut Schüler. Seine Freundin Martha Dixon aus den Hollywood Hills veranstaltete in ihrer Villa regelmäßig Kunst- und Kulturveranstaltungen, zu denen auch William und Margarete eingeladen wurden. Dort trafen sich Künstler und Gelehrte, wohlhabende Unternehmer, Politiker und Diplomaten. Auch gab es stets den von William so geliebten deutschen Kartoffelsalat. Die Damen dieser honorigen Gesellschaft trugen schöne Kleider, die Herren teure Anzüge, es war eine Pracht, diese Leute zu sehen. William, der sich keinerlei teuren Anzug hätte leisten können, hatte jedoch wieder einmal Glück gehabt. Vor einiger Zeit gab er in Montreal der Gattin eines wohlhabenden Unternehmers Malunterricht. Mr. Packer, so hieß der Auftraggeber, sah William in einem der Shopping Center malen und sprach ihn an. Die Frau von Mr. Packer hatte eine partielle Handlähmung, sie wollte aber so ungemein gerne das Malen lernen. Sofort sagte William zu und gab ihr den Unterricht. In seinen Memoiren schrieb William später, wie liebevoll Mr. Packer seine Frau unterstützte, ihr die Farben auf die Palette drückte und die Pinsel reinigte. Dieses Paar rührte ihn zutiefst. Doch bevor ich zu sehr abschweife, komme ich auf den Punkt. Neben der Bezahlung erhielt William noch zwei Geschenke. Zum Einen eine kleine Box, darin befanden sich mehrere Malmesser, die genau so aussahen, wie das von William. Mr. Packer hatte erfahren, dass William seine Malmesser selbst zurecht schleifen würde. „William," so sagte Mr. Packer, „Du bist ein Maler und sollst Deine Zeit nicht mit dem Schleifen von Spachteln vertrödeln." So ließ er kurzer Hand eine ganz Reihe Malmesser herstellen, die allesamt Williams Namenszug trugen. Auch schenkte er ihm einen Anzug, damit er sich in den besseren Kreisen bewegen könnte. Und was war das für einen Anzug. Gemacht wie für einen Star. Beste Materialien, edler Glanz. William fühlte sich darin wie ein Pfau, aber er verfehlte nicht seine Wirkung. Auch nicht bei den Veranstaltungen in den Hollywood Hills bei Martha Dixon. Diese bot ihrem deutschen Freund William an, bei der nächsten Veranstaltung in ihrem Haus, da würde er alle seine Bilder ausstellen können. Es war ein Erfolg, und neben verkauften Bildern bekam er neue Malschüler. Das Talent des Deutschen sprach sich rum, und William konnte sich einen Raum mieten für seine Schüler. Auch organisierten Margarete und er aufwendige Malseminare, für die sie in Hotels extra Veranstaltungsräume mieteten. Kostete einen Schüler ein Unterrichtstag beim „Happy Painter" 3 Dollar, so musste man für diese Seminare schon tief in die Tasche greifen, 25 Dollar am Tag, und das war damals viel, das musste man schon investieren. Margarete kümmerte sich um die gesamte Organisation und William tat das, was er am Besten konnte. Malen, und seine Show präsentieren. Viel rum kam dabei am Ende aber nicht. Der Großteil der Einnahmen ging für Miete, Cateringservice und Hilfskräfte drauf, und so blieb alles beim Alten. Sie hatten ihr täglich Brot, aber für die Butter reichte es noch immer nicht. Ein paar Jahre lang zogen sie das so durch. Im Winter waren sie in Kalifornien, im Frühling fuhren sie zurück nach Kanada und zum Winter hin kamen sie mit ihrem alten VW-Bus zurück nach Los Angeles. Aus dem alten Mietshaus waren sie längst ausgezogen. Ein befreundeter Galerist, der für William ab und an Bilder verkaufte, ließ sie den Winter über in einem Raum hinter seiner Galerie wohnen. So ließ sich Geld sparen. Geld, dass sie dringend brauchten. Denn zu dieser Zeit gabe es einen neuen Rückschlag für die beiden. Als sie das letzte Mal In Los Angeles waren, da hatte William mit einem anderen Galeristen ein Geschäft abgeschlossen. William malte dem Galeristen einen ganzen Berg von Bildern, die dieser im Laufe des Jahres verkaufen wollte. Wenn William dann im Winter zurück käme, dann würde er vom Galeristen ausbezahlt werden. Ein stattliches Sümmchen sollte es geworden sein. Doch als William zur Galerie fuhr, da war sie geschlossen. Längst schon hatte sich der Galerist mit dem ganzen Geld abgesetzt, man munkelte, in Richtung Karibik. William hatte genug. Es musste sich etwas ändern. Er wollte weg von Los Angeles. Weit weg.

Jedoch erkrankte er in jenem Winter, es war wohl eine Bronchitis. Da William, wie so viele Freischaffende, keine Krankenversicherung hatte, denn die war teuer, so versuchte er zunächst, sich selbst zu kurieren (erst als sich sein finanzieller Erfolg abzeichnete, da schloss er Jahre später eine Krankenversicherung ab). Das aber mislang, und es ging ihm schlechter und schlechter. Anna Margarete machte sich zunehmend Sorgen, und eines Tages steckte sie William kurzer Hand in den mit Gemälden vollbepackten VW-Bus und fuhr ihn direkt zur Notaufnahme in Long Beach. Ein Arzt besah ihn sich und sagte dann, dass er ins Krankenhaus eingeliefert werden müsse. Für diese Auskunft stellte er eine Rechnung in Höhe von 12 Dollar aus und gab sie Anna Margarete. In der Aufnahme saßen sie dann und warteten, bis sie an der Reihe waren. Ihnen war mulmig zumute. Alleine nur die Aufnahme ins Krankenhaus würde bestimmt 500 Dollar kosten. Woher sollten sie das nehmen? In diesem Augenblick kam ein junger gut aussehender Arzt in den Raum. Er hieß Dr. Waite und fragte laut, wem denn der VW-Bus mit den ganzen Gemälden gehören würde, der da unten so quer auf dem Parkplatz steht. Anna Margarete sprang auf und rief laut: „Hier, hier ist er. Und er stirbt!" Dr. Waite lächelte und nahm beide in einen Untersuchungsraum mit. Dabei grinte er, dass man ja solch einen Künstler nicht einfach sterben lassen könne. Nach einer gründlichen Untersuchung verschrieb Dr. Waite einige Medikamente und schrieb seine Rechnung. Anna Margarete und William sahen fast ängstlich zu, wie der Arzt den Zettel ausfüllte. Wie teuer würde das nun werden? Als Anna Margarete die Rechnung sah, da staunte sie und zeigte sie William, der ebenfalls ungläubig zu Dr. Waite starrte. „Das machte dann bitte 2,75 Dollar!" Der Arzt lachte und zwinkerte ihnen zu. Er wusste, dieses Künstlerpaar hatte kein Geld. William, der schon das Schlimmste fürchtete, bedankte sich sehr und holte aus seinem VW-Bus das schönste aller Gemälde, dass er zum Dank dem Arzt schenkte. Er war ein sehr netter Mensch, leider, so schrieb William später, starb er viel zu früh an einem Herzinfarkt.

Die Geschichte von William und seinem Ziehsohn „SandyBandy"

William und seine neue Freundin Anna Margarete waren beide noch in erster Ehe ver-
heiratet. Zwar lebten sie von ihren jeweiligen Partnern getrennt, aber eine Scheidung kam
in damaliger Zeit nicht in Frage. Schon gar nicht, wenn man katholisch war, so wie Anna
Margarete. Die beiden lebten, wie man so schön sagt, zeitlebens in wilder Ehe zusammen.
Anna Margaretes Mann war ein gebürtiger Pole, der als Bauer arbeitete und im zweiten
Weltkrieg zur polnischen Armee eingezogen wurde. Früh geriet er in deutsche Gefangenschaft, wo es ihm nicht gut erging. Nach dem Krieg, schwer traumatisiert, wanderte er nach
Kanada aus und lernte Anna Margarete kennen. Sie heirateten und lebten in der Nähe von
Toronto. Im Jahr 1950 kam ihr Sohn Talore zur Welt. Doch die Ehe war schwierig und
problembelastet. Regelmäßig hatte ihr Ehemann unkontrollierte Wutausbrüche, nannte
seine Frau „Teufel," und es kam regelmäßig zu Gewaltszenen. Die Mutter, das ist bestä-
tigt, musste sich wiederholt mit dem Messer in der Hand den Ehemann vom Leibe halten.
irgendwann konnte Anna Margarete nicht mehr und verließ ihn, und auch ihr Kind. Der
kleine Junge war gerade einmal vier Jahre alt. Fortan lebte er bei seinem hochaggressiven
Vater. Im Rahmen meiner Recherche zu diesem Buch befragte ich ihn im Herbst 2023, was
sein Vater beruflich tat. Er antwortete mir: „Seit ich denken kann, hat er vom ersten Tag an,
an dem ich in die Schule kam, nicht für seinen Lebensunterhalt gearbeitet. Aber ich weiß
nicht, wohin er gegangen ist, oder was er getan hat. Und ich war die ganze Zeit größtenteils
unbeaufsichtigt. Obwohl ihm das Haus gehörte, in dem wir wohnten, war es die meiste Zeit
über vermietet." Der Junge hatte es nicht leicht mit seinem Vater. Eines Tages schickte
die Schulkrankenschwester ihn nach Hause, weil er Masern hatte. Zu Hause angekommen
eskalierte sogleich die Situation, der Vater schlug wiederholt zu und brach dem Jungen
dabei den Arm. Dazu berichtete der Sohn: „Ja, als Kind wurde ich brutal geschlagen, nur
weil ich krank wurde. Es war ein Mieter, der mich zehn Tage nach dem Bruch ins Krankenhaus brachte, um meinen gebrochenen Arm zu versorgen." In all den Jahren sah der Junge
seine Mutter nur zwei Mal. Das eine Mal, als seine Eltern versuchten, sich zu versöhnen,
was aber ein jähes Ende fand. Und dann noch einmal, als er acht Jahre alt war. An die Um-
stände konnte er sich nicht mehr erinnern. Es war Frühling, und seine Mutter kam vorbei
und brachte ihm eine Tüte Kirschen. Dazu sagte mir der Sohn im Gespräch: „Ich habe
keine Ahnung, worüber wir gesprochen haben, und ich kann mich nicht erinnern, dass ich
geweint hätte oder ich aufgeregt war, aber ich war dankbar für die Kirschen. Ich hatte noch
nie frische Kirschen gegessen, da ich noch nicht gelernt hatte, die Gärten der Nachbarn

zu plündern, bevor es die Vögel taten." Trost fand der kleine Talore nur bei einer Katze namens „Smokey," später bei einem kleinen Hund. Wenn der Vater mal wieder seine Wut an ihm ausließ, dann musste er zur Strafe schwere Gegenstände am ausgestreckten Arm halten, oder er wurde brutal mit dem Gesicht unter Wasser gedrückt. Und fragte der Kleine mal, was denn mit seiner Mutter sei, da rastete der Vater völlig aus und schrie ihm ins Gesicht, dass seine Mutter der fleischgewordene Teufel sei. Danach schlug er zu. Endlich griffen eines Tages die Behörden ein, der Vater kam vor Gericht, und der Sohn zunächst ins Heim. Mit 15 Jahren wurde er Pflegeeltern übergeben. Hier spürte er zum ersten Mal im Ansatz, was eine Familie wirklich war. Trotz seines Martyriums war der Junge immr gut in der Schule, ja, sogar überdurchschnittlich gut. Geprägt durch die schlimme Kindheit, neigte der Teenager allerdings leider zunehmend zur Gewalt. Auch wurde er in jener Zeit zunehmend kriminell, und am Ende leider auch noch drogenabhängig.

Im Jahr 1966 meldete sich die Behörde bei Anna Margarete und bot ihr an, sie könne sich einmal mit ihrem Sohn treffen. Die Mutter fragte sich, ob sie sich wirklich mit ihm treffen sollte. Sie war überfordert als er klein war, wie sollte das denn jetzt nach all den Jahren erst sein? William verstand ihre Besorgnis und überlegte kurz: „Weißt Du was, ICH fahre nach Toronto und treffe mich mit ihm. Ich schaue ihn mir mal an. Vielleicht ist er nett." Anna Margarete willigte dankbar ein, und es wurde ein Termin vereinbart. William fuhr mit seinem „fahrbaren Aquarium" die rund 600 Kilometer von Montreal nach Toronto, nur um sich mit dem Jungen in einem Restaurannt zu treffen und zu schauen, wie der Junge so war, und ob man sich mit ihm überhaupt intelligent unterhalten konnte. Sie trafen sich in einem kleinen Lokal im Stadtteile Danforth[28] und William sagte dem Jungen, dass er alles bestellen könne, was er wolle. Das tat er dann auch mit leuchtenden Augen, und es gab Burger und Pommes, und William nahm Kaffee und Kuchen. Er liebte Süßspeisen in allen Varianten. Williams finanzielle Lage war gewohnt angespannt, aber er wollte, dass es dem Jungen an diesem Tag gut ging und an nichts fehlte. Nach dem Essen gab er ihm noch Kleingeld für die Jukebox, und der Junge spielte die Bee Gees rauf und runter. Dann unterhielten sie sich. Es wurde ein langes Gespräch, und der Sohn erzählte all das, was wir hier eben auch schon erfuhren. William spürte, dass der Junge nicht so schlecht war, wie man im ersten Augenblick vermuten könnte. Am Ende des Besuchs legte er seine Hand auf die Schulter des Jungen und sagte: „Was Dich nicht umbringt, das macht dich stärker." Nach seiner Rückkehr berichtete William alles der Mutter, und es wurde ein Treffen in Montreal mit dem Jungen vereinbart. Die Behörde kümmerte sich um alle notwendigen Formalitäten und würde dann den Teenager in Montreal der Mutter und William übergeben. Für ein Wochenende zunächst einmal. Jahrzehnte später erinnerte sich der Sohn: „... Es wurden weitere Vorkehrungen getroffen, damit ich mit dem Zug von Toronto nach

Montreal fahren konnte, wo ein Regierungsbeamter uns alle zur „Übergabe" treffen würde. Am 07. Oktober 1966 war es soweit. Es war wie eine Szene aus einem Spionagefilm mit einem Gefangenenaustausch." Spät in der Nacht erst kamen William, die Mutter und der Junge mit dem VW-Bus an, weil es einen spektakulären Autounfall gab, so dass die Straße lange Zeit blockiert war. Sogar das Fernsehen berichtete darüber. William und Margarete wohnten damals in Woodlands, das liegt etwa 30 Kilometer von Montreal entfernt. Sie mieteten ein altes Haus aus dem Jahr 1875 oder noch früher. Heute nennt sich der Ort Ville de Léry.[29] Die Häuser in diesem Teil der kleinen Stadt wurden alle an einer langen Straße gebaut, die dem Ufer des Sankt-Lorenz-Stromes folgen (oder Lac St. Louis, wie er wegen seiner damaligen Breite genannt wurde). Viele dieser Häuser waren im Besitz von wohlhabenden Geschäftsleuten und wurden als Sommerhäuser genutzt. Williams Haus lag am Nächsten an der Straße. Als sie ankamen war alles dunkel, aber der Junge konnte immer noch erkennen, dass das alte Haus ein rotes Dach hatte und es eine umlaufende Holzveranda gab, die weiß gestrichen war. Es war ein einfaches Haus mit etwa 80 Quadratmetern Grundfläche im Erdgeschoss. Es gab eine Küche, ein Wohnzimmer, eine kleine Nische und ein kleines Badezimmer. Die meisten Wände sahen aus wie das, was heute „Landhaus-Stil" genannt wird. Im hinteren Teil war Williams „Atelier," eine umgebaute Speisekammer, aus der es intensiv nach Farbverdünner roch. Im Obergeschoss befanden sich zwei Schlafzimmer. Die Einrichtung war etwas spärlich, und es gab überall Ölgemälde an den Wänden. Auch standen auffällig viele Staffeleien mit fertigen Gemälden herum. Das Haus war alles in allem sehr sauber und gepflegt, aber man musste sich zuerst mit dem permanenten Geruch vom Farbverdünner arrangiert haben. Der Junge fühlte eine Mischung aus Neugier und Besorgnis, als er das Haus zum ersten Mal betrat. Er fragte sich, wie es wohl wäre, dort zu leben, umgeben von all der Kunst und Geschichte. Er fragte sich auch, wie er wohl mit seiner Mutter und William zurecht kommen würde, da er ja beide kaum kannte. Er hoffte, dass sie nett und freundlich sein würden. Am nächsten Morgen gab es zunächst ein üppiges Frühstück. Williams berühmtes „europäisches Frühstück" oder auch kurz „Fischfrühstück" genannt. Noch heute schwärmt er davon. Es bestand aus ganz viel Kaffee, Roggentoast, Spiegeleiern und verschiedenen Wurst- und Fleischsorten. Der Höhepunkt des üppigen Frühstücks war dann stets, wenn William seinen frisch gefangenen Fisch in einer Pfanne zubereitete. Das Frühstück von William war im Freundeskreis sehr begehrt, weil sich dort jedes Mal spannende Gespräche ergaben und es sich sehr gesellig über Stunden hinziehen konnte. Dabei wurden auch regelmäßig von William und Margarete Bier und Schnäpschen angeboten. Auch dem 16Jährigen boten sie beim Essen Alkohol an. Er kommentierte es später scherzhaft so: „Sie boten mir Bier und Schnaps zum Abendessen an, sogar am ersten Tag. Sie waren Europäer und glaubten, dass das Erlernen eines verantwortungsbewussten sozialen Trinkens zu Hause in einem vernünftigen Alter beginnt. Ich denke, ich war in einem vernünftigen Alter. Ich habe mich oder sie nie blamiert, niemals." Später an diesem Tag sah der Junge zu, wie William bei sich zu Hause innerhalb einer halben Stunde eine wunderschöne Landschaft malte. Rund 90 x 60 cm groß. An das Maß erinnert er sich noch heute. Der Junge spürte, dass William etwas ganz Besonderes war *(scherzhaft erzählte er mir im November 2023, dass William stets sehr reinlich war und immer gut duftete. Es sei denn, er hatte gemalt. Dann roch er stark nach Farbverdünner und hatte meistens diverse Farbflecken am Bauch).*

Dauerte das erste Treffen nur ein Wochenende lang, so wurde jetzt geplant, einen einjährigen Aufenthalt zu ermöglichen. Ja, später sollte der Junge sogar für immer einziehen. Der 16Jährige fühlte sich geborgen bei William. Er nahm ihn wahr, er hörte ihm zu und gab ihm auch das Gefühl, etwas Besonderes zu sein. So freundeten sie sich schnell an, und der Junge nannte ihn fortan „Pop" und William ihn scherzhaft „Sandy" oder auch „SandyBandy." Der Junge wuchs William schnell ans Herz, was vielleicht auch ein Stück weit daran lag, dass nach der Trennung von seiner Frau der Kontakt zu seiner Tochter abriss. „SandyBandy" erinnerte sich später: „... Pops enthusiastische Art und Großzügigkeit waren nicht zu ignorieren und wecken einfach den Wunsch, mit ihm zusammen zu sein. Er hatte Charisma... Er hat den Leuten einfach ein gutes Gefühl gegeben. Anders kann man es nicht sagen. Und er ließ mich wissen, dass ich etwas Besonderes war. Der erste Mensch überhaupt." William und „Sandy" gewöhnten sich schnell aneinander und beide genossen es. Williams Tochter Heidi lebte ja mittlerweile ihr eigenes Leben und war wenig interessiert an dem Werdegang ihres Vaters, wie er sich vom Drucker und charmanten schlitzohrigen fahrenden Künstler zu einem erfolgreichen Lehrer und TV-Künstler entwickelte. Auch der Kontakt zu seinen Enkeln war gering, womit er aber wohl gut zurecht kam, denn mit kleinen Kindern hatte er es nie so recht. Umso mehr genoss er daher die neu gewonnene Vaterrolle, die er nun ausfüllen konnte. Er brachte ihm alles bei, was er für wichtig hielt. Wie man Lachse fängt ebenso wie das ordnungsgemäße Bespannen von Leinwänden auf einem Keilrahmen, wie man mit einem Motorboot fährt und auch das Schießen wollte gelernt sein. Zu Weihnachten bekam der Junge sogar von William eine echte Winchester geschenkt. Und sein Ziehsohn war immer wieder erstaunt, wie kräftig doch dieser kleine dicke Mann war. Seine kurzen Wurstfinger waren stark wie Schraubstöcke, und dennoch konnte er mit ihnen die kleinesten Pinsel führen. „Du musst in der Lage sein, alles selbst reparieren zu können," sagte William immer. Und es gab wirklich nichts, was er nicht selbst wieder hin bekam. Ja, notfalls wurde er sogar spontan zum „Zahnarzt." Als einmal seine neue Brücke an seinem Kiefer drückte, da schliff er sie kurzer Hand in seiner Werkstatt so lange um, bis sie endlich passte. Er war eben sehr pragmatisch. Das zeigt sich auch in der Philosophie, die er an den Jungen weiter gab. „Gut genug genügt!" So hieß eine der vielen Philosophien in Williams Leben. Und sie besagte, kurz gesagt: „Wenden Sie immer das richtige Maß an Arbeitseinsatz für das beabsichtigte Ergebnis an. Überschuss ist Verschwendung." Ein anderer Lieblingsspruch von ihm war: „Ich kann aus Dreck Schokolade machen. Ich habe aus Dreck Schokolade gemacht." Gerne und oft luden sie Freunde zu sich ein. Es wurde dann immer gut gegessen, musiziert und sehr viel gelacht. „Sandy" wurde von Bill an diesen Abenden regelmäßig als Barkeeper „zwangsverpflichtet," denn der Junge war sehr talentiert im Mischen alkoholischer Getränke. Seine Spezialität war der so genannte „Schraubenzieher," und man mag sich denken, wieso er so hieß. Er bestand aus Wodka und Orangensaft. Wahrscheinlich aber eher aus Wodka und einer Spur von Orangensaft.

Anna Margarete und William fällten irgendwann die Entscheidung, den Jungen dauerhaft aufzunehmen zu wollen, jedoch verweigerte die Behörde einen vollständigen Einzug bei den beiden, da William und Anna Margarete zu jener Zeit noch keine gesicherte Existenz vorweisen konnten. So musste der Junge, wohl oder übel, wieder zurück zu seiner Pflegefamilie. Niemals kam es dazu, auch nicht, als es William finanziel gut ging, dass der Junge bei ihnen einzog. Aber gesehen haben sie sich oft, und der Junge veränderte sich zum Guten hin. Williams Verhalten motivierte „Sandy," und er fing an, an sich zu glauben. Er wurde ein guter Sportler, Baseball war seine große Leidenschaft, und mit den Erfolgen kam das Selbstbewusstsein. Der Junge schloss die Schule erfolgreich ab, als Klassenbester sogar, und er zog direkt nach seiner Volljährigkeit bei der Pflegefamilie aus. Zunächst schlug er sich mit Gelegenheitsjobs so durch, auch schlief er zeitweilig unter freiem Himmel. Das Gleiche erlebte ja auch William in seinern frühen Jahren in Ostpreußen. Dann aber hatte er die Chance erhalten, eine Banklehre zu durchlaufen, die er mit Bravour abschloss. Aus ihm wurde ein erfolgreicher Banker. Ein Herzinfakt beendete jedoch seine Bankkarriere, und er musste es fortan ruhiger angehen. So entschloss er sich zunächst, Immobilienmakler zu werden, später dann Manager eines Golfplatzes, was aber am Ende des Tages nicht wirklich als ruhiger zu bezeichnen war.

Heute lebt er als rüstiger Rentner mit seiner Frau und seinem in die Jahre gekommenen Schäferhund „Suki" im Westen Kanadas. Suki muss ein intelligenter Hund sein, denn bei Regen und Sturm weigert er sich vehement, vor die Tür zu gehen. Beide haben Kinder und einen Enkel. In seiner Freizeit beschäftigt er sich unter Anderem mit „Künstlicher Intelligenz" und erstellt damit virtuelle Gemälde. Auch schreibt er unterschiedlichste Artikel für ein Online-Magazin und setzt sich leidenschaftlich dafür ein, dass sein Ziehvater nicht in Vergessenheit gerät, und er für seine künstlerische Leistung auch wahrgenommen wird.

Eine Künstlerkolonie entsteht

Der Winter hatte Montreal fest im Griff, und der Sankt-Lorenz-Strom[30] fror im Küstenbereich immer mehr zu. Das war genau die Zeit, auf die alle Eisfischer warteten. Auch William war einer von diesen Typen, der es kaum mehr erwarten konnte. Natürlich hatte er auch eine von diesen transportablen Angelhütten, die man mit dem Auto direkt aufs Eis zog. Stand dann erst einmal die Hütte, dann bohrte man ein Loch in das Eis, setzte sich auf einem Hocker daneben und ließ die Angelschnur hinab gleiten. Sie haben es natürlich sofort erkannt, diese Angelhütten besitzen keinen Boden sondern haben nur vier Wände und eine Tür, und wenn man etwas Geld hatte, dann waren auch noch ein paar bescheidene Fenster eingebaut. Manche der Hütten aber waren wie ein aufrecht stehender Schukarton, nur eben aus Brettern gezimmert und mit Tür. Die Jungs auf dem Eis kannten sich fast alle und waren wie eine verschworene Gemeinschaft. Einer seiner dortigen Freunde war ein Indianerhäuptling, dessen Vorfahren seit Jahrhunderten dort schon angelten. Und keiner konnte es besser als er. Irgendwann, wenn das Eis dick genug war, dann kamen die schweren Planierraupen und Schneepflüge und legten Wege auf dem zugefrorenen Fluss an. Jeder Weg führte dann zu einer dieser Angelhütten. Gewaltige Schneemassen türmten sich auf, denn es gab viele, die verrückt auf das Eisangeln waren. Williams Ziehsohn war gerade zu Besuch und durfte helfen, Williams Angelhütte am VW-Bus zu befestigen. „Das wird ein toller Tag," freute sich William, der mit dicker Jacke und Mütze seine Angeln verstaute. „Sandy" sah das nicht so sportlich. Weder war Angeln sein Ding, noch stand er ernstlich auf Winter. Aber er kam mit und versuchte so zu tun, als hätte er auch seinen Spaß. So saßen dann beide schweigend in der kleinen Hütte. Wenn es ihm dann zu kalt oder zu langweilig wurde, meistens Letzteres, fragte er „Pop," ob ein wenig mit dem Bus fahren dürfe. William hatte ihm mal beigebracht, wie man mit dem Bus fährt, wie man die Gänge hochschaltet und was man auf vereisten Flächen zu beachten hat. So war William. Er sagte mal, wer auf vereisten Flächen fahren kann, der kann überall fahren. William ließ ihn also gewähren und der Teenager düste mit dem Wagen hin und her, beschleunigt rasant um dann eine Vollbremsung hinzulegen, und sich durchschütteln zu lassen. William beobachtete es aus dem Augenwinkel und sah dann auch, wie sein Ziehsohn ins Schlittern geriet und mitten in eine Schneewehe krachte. Ross und Reiter, pardon, Auto und Fahrer waren unbeschädigt, von einigen kleinen Dellen mal abgesehen, die beide davon trugen. Der Junge hoffte, William hätte es nicht gesehen, am Ende würde er ihm sonst in Zukunft diesen Spaß verbieten. Als er wieder in der Hütte war, tat er so, als wäre nichts gewesen. William schaute „Sandy" nur an, er blickte ihn so wissend an, so, wie nur Erwachsene Kinder anschauen können, und die sich dann ertappt fühlen. Genau so blickte er und sagte kein Wort. Dabei lächelte er ihn an. Vielleicht dachte er in diesem Augenblick an all die verrückten Sachen, die er selbst einst in Ostpreußen anstellte. Als der Junge 18 wurde, und er „Pop" und seine Mutter besuchte, da schenkten sie ihm einen alten Volkswagen aus dem Jahr 1957. Die Tankanzeige fehlte zwar, auch hatte er ein paar Beulen, doch das störte das Geburtstagskind nicht. Er liebte den VW und fuhr mit ihm stundenlang in Vancouver umher, auch in die Berge hinein, und wenn er dann plötzlich stehen blieb, weil ja die Tankanzeige fehlte, dann hatte er immer zur Sicherheit einen kleinen Reservetank dabei, den William ihm in weiser Voraussicht mitgab.

Es war genau zu dieser Zeit, als die Idee reifte, ein neues Abenteuer zu beginnen. Schon lange hatte William diesen Traum im Kopf, irgendwo in der unberührten Natur einen Ort zu erschaffen, an dem Künstler aus ganz Amerika, ja, der ganzen Welt zusammen kommen könnten. Hier wollte er dann seine Schüler unterrichten. Weit ab von den Städten. Es war im Jahr 1968, und er war sich sicher, jetzt ist die Zeit für diesen Traum gekommen. „Fire in!" Wann, wenn nicht jetzt? Ihr alter VW-Bus, „das fahrende Aquarium," wurde erneut beladen. So fuhren sie von Los Angeles nach Nordwest, die Küstenstraße entlang in Richtung Kanada. Die zahllosen Bilder, die in den Bus gequetscht wurden bildeten ein wildes Durcheinander, wenn man in den Wagen schaute. Wann immer William und Margarete einen schönen Aussichtsplatz fanden, dann hielten sie am Wegesrand. Wiederholt kam es dann vor, dass sie so einen Stau provozierten, denn immer wieder hielten neugierige Autofahrer an, um einen Blick auf Bus und Fahrer zu werfen. Vor allem, wenn William die Staffelei aufstellte und malte. Einmal sogar kam die Polizei und forderte William auf, sofort weiter zu fahren. Unterwegs ging ihnen irgendwann einmal das Benzin aus, und Geld hatten sie leider schon längst nicht mehr. Ein Lastwagenfahrer schleppte sie freundlicher Weise ab und hatte Mitleid mit den beiden. So kaufte er William ein paar seiner Bilder aus dem VW ab. Eines für sich, eines für seine Eltern, und auch für seinen Bruder noch eines. William machte ihm zum Dank einen sehr günstigen Preis. 25 Dollar für ein Bild. In guten Tagen verkaufte sein Galerist sie für das Zehnfache, wovon er ja am Ende dann nur eine kleine 30%-Beteiligung erhielt. So schafften sie es dann nach British Columbia. Diese kanadische Provinz liegt am Pazifik, direkt hinter der US-Grenze. William und Margarete kannten sich hier aus. Sie liebten diese Provinz, die wunderschöne weite Natur und das Klima. Warum sollte ihr Traum nicht hier wahr werden? Kreuz und quer fuhren sie durch die Provinz, bis sie einen kleinen Flecken fanden. Unberührt, und nicht weit vom Meer entfernt. Nahe eines Örtchens namens Aldergrove,[31)] rund 60 Kilometer von Vancouver entfernt, da fanden sie ihr Fleckchen Glück. Rund 2,5 Hektar groß war das Land, und auch gar nicht teuer. Aber alles ist teuer, wenn man kein Geld hat. Doch dieses Stückchen Land, das wollte er haben. Hier wollte er sein Holzhaus bauen, hier sollte sein Traum in Erfüllung gehen. Am nächsten Tag ging er zu einer Bank, um einen Kredit von 500 Dollar aufzunehmen. Das würde schon für alles Nötige erst einmal reichen. Der Bankangestellte schaute den Mann mit dem bunten Hemd und dem komischen deutschen Akzent an und sagte, dass das gar kein Problem sei, und welche Sicherheiten er denn bieten könnte. „Sicherheiten?" William schaute ihn an. „Ich habe keine Sicherheiten, aber ich bin Künstler, das ist meine Sicherheit." Der Angestellte rümpfte die Nase, und unser Freund wurde hinauskomplimentiert. Das machte William wütend. Von oben herab behandelt zu werden? Nicht mit ihm. Er überlegte kurz, dann fasste er einen Plan. Anna Margarete packte ihm am nächsten Morgen den „1 Million Dollar Anzug" aus, den er von Mr. Packer erhielt. Wie aus dem Ei gepellt sah er aus, wichtig und bedeutsam. So betrat William erneut die Bank. Einen Angestellten, der ihn ansprach, schickte er herablassend weg. „Ich rede nur mit dem Bankdirektor." Dann lehnte er sich an den Bankschalter und schaute gelangweilt drein. Der Direktor, ein netter Mann namens Mc Donald, kam aus seinem Büro und bat William zu sich. Was er denn für ihn tun könne, wollte Mr. Mc Donald wissen. „Ich bin hier in der Gegend, um Land zu kaufen. Viel Land. Ich habe gerade auch schon überraschend ein gutes Stück gefunden, und wir sind uns handelseinig. Aber ich brauche heute noch 2000 Dollar als Anzahlung. Ich zahle sie Ihnen schnellsten zurück." Man kann gar nicht so recht sagen, wer mehr Eindruck hinterließ. William oder der Anzug. In jedem Fall, er erhielt direkt seinen Scheck. Sie kauften das Grundstück und eine Menge Holz, Zement, Werkzeug und Nägel dazu. Bis in die Nacht hinein hoben sie ein Fundament aus und rührten den Beton an. William war in seinem Element, er konnte etwas erschaffen. Etwas ganz Wunderbares. Hier würden sie leben und arbeiten, inmitten der Natur. Zunächst war das Holzhaus klein und bescheiden, was die Mittel halt so hergaben. Aber jedes Mal, wenn etwas Geld ins Haus kam, dann bauten sie an. Neues Holz wurde geholt, und William zimmerte und hämmerte unermüdlich. Es kamen immer mehr Räume dazu. Und als das Werk vollbracht war, legte er noch einen kleinen Teich an. Es war ein Idyll, inmitten von Zedern und Tannen. Ein kleiner Weg führte in den Wald hinein und am Horizont ragten schneebedeckte Berge empor. Doch für eine Künstlerkolonie brauchte man auch Künstler.

Und tatsächlich, sie kamen. Nach und nach. Und es wurden immer mehr. Am Ende war es eine fast familiäre Gruppe von zwölf Kunstbesessenen. Zu Beginn kamen erst einige rüstige Rentner aus der näheren Umgebung. Sie sahen William beim Malen in den Shopping Centern und suchten nach einer sinnvollen Aufgabe. Einer von ihnen sagte immer scherzhaft, dass er daheim einem Hausdrachen ausweichen müsse. In einem Café lernte

Margarete einmal eine junge Frau kennen, ihr Name war Doris. Sie hatte sich gerade von ihrem Mann getrennt und war völlig am Boden zerstört. Beide Frauen kamen schnell ins Gespräch und Doris war begeistert von diese Künstlerkolonie. Sie wollte schon immer malen. Aber sie könnte sich das finanziell leider nicht leisten. Anna Margarete winkte ab, sie solle sich wegen der Bezahlung keine Sorgen machen, aber sie würde so gut zu der Gruppe in Aldergrove passen. Immer wieder nahmen William und Margarete Leute auf, ohne ihnen etwas zu berechnen, so waren sie. Doris entpuppte sich übrigens als überaus talentiert, bereits ihr erstes Gemälde konnte sie in einem Diner für stolze 125 Dollar verkaufen. Ein weiteres Ausnahmetalent ware der 16jährige George Rammell.[32] Er war ein junger schlacksiger Rumtreiber, der von der Künstlergemeinde angezogen wurde, wie eine Biene vom Honig. Auch er hatte kein Geld und wurde von William aufgenommen. Als Gegenleistung half er immer mit, wenn das Holzhaus wieder erweitert wurde oder andere Arbeiten anfielen. George war sehr talentiert. Er malte gerne, aber noch viel mehr phaszinierten in Steine und Holz. In Aldergrove schnitze er wunderschöne Skulpturen. Elche, Bären auch ein Portrait von William, dass er später in seinem Haus in Powell River aufstellte. George Rammel wurde eine berühmter Bildhauer und Dozent, der noch heute in seinem Atelier aktiv ist.

William schwärmte von der Zeit in der Künstlerkolonie. Tags über arbeiteten alle wie besessen und malten. Abends saßen sie beisammen am Feuer und diskutierten oder träumten unter dem sternenklaren Himmel von ihrer Zukunft. Irgendwann dann kam Anna Margarete mit ihrer Guitarre und fing an zu spielen, und einige ihrer selbst geschriebenen Lieder zu singen. William stieg dann meistens mit seiner Geige ein. Einer ihrer verfassten Liedtexte ist erhalten, es war eines von Williams Lieblingsliedern:

IT´S SPRING AGAIN

It´s Spring again! It´s Spring again!
I feel the breath of May!
Goodbye my love, goodbye my prince,
No longer can I stay.

Last night I heared, a mocking bird
Make fun of me and sing:
„Come out of hid-ding sleepy head,

It´s Spring again! It´s Spring again!"
Down yonder at the river bank,
Old Mother Earth is dressed
in purple, yel-low, green and gold,
She wears her Sunday best.

Around the bend, my good old friend,
The restless meadow brook
Sings happy mel-odies for me
There´s Spring in e-ver-y nook.

Up towards the snow-capped mountain peaks,
Above me I must roam,
See eagles soar, on endless skies,
See mighty rivers foam.

From there up high, one last goodbye
The whisp´ring winds will bring:
„Goodbye, my love, goodbye my friend,
It´s Spring again! It´s Spring again!"

In der bereits angesprochenen Dokumentation über William gibt es auch eine Filmsequenz, in der Anna Margarete das Lied singt, und er für sie Geige spielt.[33)] Manchmal holte William auch seine „singende Säge" hervor. Dieses Instrument kennen heute wohl nur noch wenige Menschen. Es ist im Grunde genommen eine große Säge aus Stahl, wie ein handels-üblicher Fuchsschwanz, aber etwa einen Meter lang. Wenn man das Sägeblatt biegt und mit dem Geigenbogen bestreicht, dann ertönen melodische, wenn man es nicht beherrscht, mitunter auch gruselige Töne. William konnte sie sehr gut spielen und produzierte damit hawaiianische Musik, zu der er dann rhythmisch hin und her wippte. Anna Margarete sang auch oft, wenn sie alleine waren, während William malte. In ihren Liedern besang sie dann all die Abenteuer, die sie beide zusammen erlebten. Sie war eine absolute Romantikerin. In den Wintermonaten fuhren William und seine Lebensgefährtin dann wieder nach Los Angeles zurück. Wie schon beschrieben, sie kamen günstig unter. Wieder in der Stadt, da fanden sich dann auch schnell die Schüler vom letzten Jahr wieder ein, auch malte er, wie schon in all den Jahren zuvor, in den großen Einkaufszentren und verkaufte direkt von seinem „fahrenden Aquarium" aus. Da die Künstlerkolonie sich nicht wirklich trug, ihr finanzielles Konzept schon deshalb scheitern musste, weil sie viel zu offenherzig Menschen aufnahmen, die sie Geld kosteten aber keines einbrachten, musste im Winter das Geld für den nächsten Sommer verdient werden. Zunehmend vermarkteten sie nach und nach auch ihre Farbe, unter Anderem das legendäre „Magic White," doch darauf kommen wir noch in Kürze umfassend zu sprechen. Auch Pinsel und sein Malmesser, dass er sich urspünglich selbst nach seinen Wünschen schliff, verkauften sie mittlerweile an ihre Schüler. In den 1980ern schrieb William, dass er vor dem Malunterricht immer Anna Margarete fragte, ob sie derzeit mehr Pinsel oder aber Malmesser auf Lager hätten. Wenn sie sagte, sie hätten derzeit mehr Malmesser als Pinsel, so entschloss sich der alte Fuchs William, an diesem Tag ausschließlich mit dem Messer vor der Klasse zu arbeiten. Und hatten sie mehr Pinsel, dann entschied er sich, üppige Wälder, Büsche und Seen mit seinen Pinseln auf die Leinwand zu zaubern. Vier Jahre lang hielten sie so ihre Künstlerkolonie am Leben, doch dann fällten sie den Entschluss, aus Kostengründen alles dort zu verkaufen, ein neuer Abschnitt ihres gemeinsamen Lebens würde nun beginnen. Zum Ende seiner TV-Karriere hin, Anfang der 1990er, da philosophierte er noch einmal erneut in seiner TV-Sendung, wie schön es doch wäre, würde man eine neue Künstlerkolonie gründen und Sponsoren dafür finden. Aus ganz Nordamerika, ja, der ganzen Welt, sollten sich dort dann Künstler aller Disziplinen treffen und sich austauschen. Künstler, die zusammen etwas erschaffen und kreativ und friedvoll ein besseres Morgen anstreben.Wäre das nicht wunderbar?

Die geniale Alexander-Maltechnik

Es ist längst Zeit, dass wir einmal genauer über seine Maltechnik reden, mit der er so wunderschöne und komplexe Landschaften, Stilleben oder auch Blumenarrangements innerhalb von nur 30 Minuten auf die Leinwand „zaubern" konnte. Ja, noch mehr, er versprach sogar, dass jeder das Gleiche könne. „In jedem Menschen steckt ein allmächtiger Schöpfer," wie er gerne in seiner TV-Show zu sagen pflegte. Und bei diesen Worten ballte er die Faust und lachte in die Kamera. Wir hörten bereits, dass er diese Maltechnik ursprüglich erarbeitete, damit er schneller Bilder herstellen konnte, um so mehr zu verdienen. Es dauerte Jahre, bis William diese Technik ausgereift hatte, und es gab viele Schwierigkeiten, die er nur langsam perfektionieren konnte, wie wir noch erfahren werden. Als er sie aber perfektionierte, da glaubte er, den heiligen Gral entdeckt zu haben, und er fühlte sich so überaus mächtig vor der Leinwand. Jetzt war er „next to god," wie er immer zu sagen pflegte und war in der Lage, auf der Leinwand allmächtiger Schöpfer zu spielen. Die Idee, diese Technik auch an Schüler weiter zu geben, die entstand erst deutlich später. Denn irgendwann merkte William, dass er es ganz besonders liebte, ein Lehrer zu sein, und seine Schüler zu inspirieren. Er wollte der Welt das Malen beibringen, weil er wollte, dass sich die Menschen gut und mächtig fühlen. Er wollte die Welt besser machen. Jeder kann etwas erschaffen, wenn er sich nur darauf einließe. Gerne sagte er scherzhaft: „Wer ein glückliches Bild malen will muss glücklich sein. Wer ein lausiges Bild malen will, der muss sich lausig fühlen." In einer seiner Sendungen im Jahr 1987 wies William, längst ein berühmter TV-Maler, voller Stolz noch einmal darauf hin, dass diese von ihm entwickelte Technik und das „Magic White" seine größten Erfindungen waren. Er sagte: "Diese Farbe und diese Technik ist mein Leben."[34)]

In diesem Kapitel gehe ich nicht nur auf seine „Alexander-Maltechnik" ein. Sollten Sie selbst einmal Lust haben, ein Gemälde auf diese Weise erstellen zu wollen, um so auf den Spuren unseres „Happy Painters" wandeln zu können, so finden Sie hier wertvolle Tipps, die Ihnen so manchen Fehlversuch und Frustration ersparen werden. Versuchen Sie es einfach, auch in Ihnen steckt ein „allmächtiger" Künstler, der nur heraus will! Werden auch Sie ein Schöpfer. Die große Innovation seiner Malweise besteht aus der Kombination von drei ganz unterschiedlichen Komponenten, die William perfekt miteinander kombinierte. Unzählige Experimente und frustrierende Fehlschläge musste er hinnehmen, doch dann, nach langen Jahren, fügte sich alles harmonisch zusammen, und die geniale „Alexander-Maltechnik" war endlich geboren:

Komponente 1 - Der Untergrund:

In der Malerei werden Farben mit weiß gemischt, um sie aufzuhellen. Das geschieht in der Regel direkt auf der Palette des Künstlers. William ersann etwas Neues, denn er trug vor dem Malen auf die gesamte Leinwand eine spezielle weiße Farbe auf, das so genannte - und von ihm entwickelte - „Magic White." Dadurch, dass die Leinwand vorbehandelt war, und er direkt auf ihr seine Farben mischen konnte, ließ sich sehr viel Zeit sparen.

Nahm er beispielsweise einen Pinsel mit etwas roter Farbe, und strich er dann über die Leinwand, so wurde diese rosafarben. Trug er mehr rot auf, dann wurde die Farbfläche dunkler. Verteilte er die Farbe weiter, so wurde sie immer heller und lichter. Das von ihm entwickelte „Magic White" ist übrigens nach wie vor ein Verkaufsschlager. Doch der Weg zur Marktreife war lang. Dieses Weiß musste auch eine ganz spezielle Konsistenz haben. Es musste flüssig sein, durfte aber auch nicht zu flüssig sein. Nächte lang experimentierte er immer wieder aufs Neue mit verschiedensten Farben und Ölen und schraubte an ihren Mischungs-

W. ALEXANDER'S
MAGIC WHITE
No. 1
Invented and Successfully Used
by
"The Ole Master Painter from
the Far Away Hills"
PLEASE STIR WELL BEFORE USING.

Farbkanister-Etikett für Williams „Magic White" aus dem Jahr 1971[35)]

verhältnissen. Auch musste noch darüber hinaus zunächst einmal das richtige Weiß gefunden werden. Im Handel gibt es eine ganze Menge verschiedener Weißtöne (Zinkweiß, Titanweiß, Elfenbeinweiß, und was weiß ich nicht noch alles). Es durfte in jedem Fall nicht vergilben, auch musste die Stärke der Pigmentierung stimmen. Es hat zahllose frustrierende Fehlschläge gegeben, besonders bei der Wahl des richtigen Öles. Nach Jahren erst hatte William ein abschließendes und zufriedenstellendes Ergebnis, sowie einen zuverlässigen Hersteller. Nageln Sie mich jetzt bitte nicht fest, aber ich meine, das Mischungsverhältnis für „Magic White" liegt bei einem Teil Farbe und drei Teilen Öl. Aber bitte ausschließlich Safranöl. Ich empfehle Ihnen aber, kaufen Sie es lieber im Fachhandel. Das erspart Ihnen nur viel unnötigen Kummer.

Komponente 2 - Die Malutensilien:

Auch in Punkto Malwerkzeug ließ er sich Einiges einfallen, um deutlich schneller und dennoch detailreich arbeiten zu können. Seine Landschaften weisen unzählige Einzelheiten auf. Feinste Wolkenstrukturen, komplexe Spiegelungen und Reflexionen, nuancenreiche Details bei Büschen, Bäumen und Feldern. Die Schaumkronen im Meer überschlagen sich in üppigem Detailreichtum und bei seinen Bergdarstellungen sieht man jede Klippe, jedes Schneefeld. William liebte Details, und die zeichnen seine Bilder auch aus. Ein wichtiges

Instrument für diese filigranen Darstellungen ist sein „allmächtiges Malmesser," von dem wir schon hörten, und das er sich ursprünglich nach eigenen Vorstellungen aus einem simplen Spachtel schliff. Natürlich gab es bereits Malspachtel in allen möglichen Varianten, doch für ihn und seine Maltechnik waren sie alle ungenügend. Außerdem benutze er sehr gerne große Pinsel, wie man sie auch im Baumarkt findet. 1 Zoll-, 2 Zoll- und der 2,5 Zoll-Pinsel sind nicht wegzudenken bei Williams Maltechnik, denn ein großer Pinsel kann schnell viel Farbe aufnehmen und wieder abgeben. Aber hätten Sie gedacht, dass so ein grober großer Pinsel verantwortlich für feinste Details sein kann? Der mit Farbe „geladene" Pinsel darf dabei nicht zu weiche Borsten haben. Wildschweinborsten-Pinsel sind übrigens sehr geeignet, wenn Sie ihn dann auf die Leinwand tupfen, so erhalten Sie unzählige kleine Flächen, Punkte und Striche, die eine Vielzahl an Details simulieren. Neben Malmesser und den eben angesprochenen Pinseln kommt dann noch der Fächerpinsel dazu. Der Name erklärt sich aus seiner Form, und auch er vermag auf der Leinwand zu zaubern (im Lauf der Jahre sind zahllose neue Pinselformen dazu gekommen, aber wir wollen nicht vergessen, es geht ja auch schließlich um den Verkauf von Pinseln). Diese auf seine Bedürfnisse abgestimmten Malutensilien lassen eine ungemein filigrane und nuancenreiche Malweise zu, die nach langer Arbeit aussieht, obwohl ganze Gebirgszüge mit all ihren Details in wenigen Strichen, und das darf wörtlich genommen werden, entstehen. William sagte immer wieder, warum sollte man sich das Leben schwer machen, wenn es auch einfacher geht. Wieso sollte man zwei Tage an einem lausigen Baum malen, wenn man ihn auch mit fünf einfachen Strichen ebenso komplex erstellen kann. Außerdem, so ergänzte William, würde es überhaupt keinen Spaß bringen, drei Wochen an nur einem Bild zu malen. Dafür war er viel zu ungeduldig.

Komponente 3 - Die Ölfarbe:

Ölmalerei ist in der Regel eine sehr zeitaufwendige Maltechnik, da die Farbe nur sehr langsam trocknet. Deshalb wird sie meist in dünnen Schichten (Lasuren) aufgetragen. Ist diese dann durchgetrocknet, das dauert gerne mehrere Tage, dann erst kann eine neue Schicht darüber gemalt werden. Eine komplette Landschaft mit Himmel, Bergen, Bäumen und Wasser, in dem dann auch noch eine Fülle an Reflektionen zu sehen ist, benötigt Wochen oder Monate bis zur Vollendung. William aber, und das hat er in seiner TV-Show regelmäßig mit großer Gestik und Temperament verkündet, wollte JETZT eine Idee umsetzen und er wollte auch JETZT das fertige Bild haben. Nicht erst in drei Wochen. So viel Geduld hatte er nicht. Spontan wollte er sein und seine Landschaften erschaffen, so wie es ihm in diesem Augenblick in den Sinn kam. Aber Ölmalerei ist nun mal eigentlich für schnelles und spontanes Arbeiten nicht so recht geeignet... eigentlich. Doch William gelang die Quadratur des

Kreises, könnte man sagen. Für die Freunde von Nomenklaturen, er wandte eine *„Nass-in-Nass-Maltechnik"* an, die er *„alla prima"* umsetzte. *„Nass-in-Nass"* bedeutet, dass er in die feuchte Ölfarbe weitere feuchte Ölfarbe setzte. Das ist nichts generell Neues, schon die holländischen Altmeister des 15. Jahrhunderts arbeiteten so und schufen, meist im Bereich von Wolken und Himmel oder Hintergrund, feine und weiche Übergänge. *„Alla prima"* bedeutet, dass er das Bild in einem Rutsch durchmalte. Ohne Trockenphasen und ohne große Korrekturen. Der aufmerksame Leser wird nun aber sagen, Moment mal, eben hieß es doch, man muss die Ölfarbe zunächst trocknen lassen, bevor man eine neue Schicht darüber setzt. Korrekt, aber - eben auch wieder nicht. Lassen Sie es mich an einem Beispiel erläutern: Wenn man rote und grüne Farbe, hierbei handelt es sich bekanntermaßen um Komplementärfarben, miteinander mischt, dann erhält man einen grauen Farbton.

Wenn also Sie, lieber Leser, nun rote Ölfarbe auf die Leinwand auftragen und direkt danach gehen Sie mit grüner Farbe darüber, dann verschmieren folglich beide Farben und mischen sich auf der Leinwand zu einem grauen Ton. Wenn aber unser Freund William zunächst rote Farbe und dann grüne Farbe auftrug, dann verschmierten die beiden Töne erstaunlicher Weise nicht! So konnte er ohne Trocknungsphasen malen und sehr viel Zeit einsparen. Wie aber funktioniert das fast Unmögliche? Man möchte glatt an Zauberei denken, und tatsächlich, er wandte einen nahezu genialen Trick an, auf den man erst einmal kommen muss. Die Lösung ist eigentlich ganz simpel, und in seiner Malshow, „The Magic of Oil Painting," sieht es auch vollkommen leicht aus. Aber seien Sie versichert, Sie müssen üben, sehr viel üben, bis es Ihnen zufriedenstellend gelingt. Dann aber, dann fühlen auch Sie sich wie ein „allmächtiger Schöpfer" auf der Leinwand, um noch einmal Williams Worte zu verwenden. Der Trick ist, dass Sie Ölfarbe verwenden, die jeweils eine bestimmte Konsistenz haben muss. Haben die Farben die falsche Konsistenz, dann funktioniert diese Maltechnik nicht, und wenn Sie es noch so oft versuchen.

Zu Beginn wird ja die komplette Leinwand mit dem flüssigen „Magic White" bestrichen. Achten Sie unbedingt darauf, sollten Sie es einmal selber versuchen wollen, dass die weiße Farbe ganz dünn aufgetragen wird. Es darf nur ein ganz dünner Farbfilm auf der Leinwand sein. Aber der Farbfilm darf, und das macht es jetzt auch nicht einfacher, wiederum auch nicht zu dünn sein. Es dauert seine Zeit, bis man den Bogen raus hat, aber dann geht es irgendwann in Fleisch und Blut über. Sollte der Farbfilm jedoch zu dick aufgetragen worden sein, auch dann funktioniert die gesamte Maltechnik nicht mehr. Kommen wir nun zu den Farben, die Sie auf der Palette haben. Wie schon gesagt, es geht um die Konsistenz dieser Farben. Was wir benötigen ist feste Ölfarbe. Ganz feste und zähe Ölfarbe. William demonstrierte es immer, indem er auf einen der Farbklumpen auf seiner Palette sein Malmesser drückte und die Palette dann umdrehte. Das Messer blieb an der

Farbe kleben und fiel nicht herunter. „So muss die Farbe sein, und nicht anders." Wenn Sie im Farbengeschäft sind und wissen wollen, welche Ölfarbe geeignet ist, dann öffnen Sie einfach die Farbtube. Kommt Ihnen dann bereits Öl entgegen getropft, dann packen Sie diese Farbe bloß ganz schnell wieder ins Regal zurück. Damit können wir nichts anfangen. Unsere Farbe muss zäh sein, so zäh, dass sie kaum aus der Tube gequetscht werden kann. Mit ihr gelingt unser Vorhaben. An dieser Stelle noch ein kleiner Tipp: Wenn Sie Farben haben, die nicht fest genug sind, dann drücken Sie sie auf ihre Palette, und lassen Sie die Farbe dann dort ein paar Tage lang trocknen.

Nun wird es spannend, denn jetzt wollen wir malen. Also, „Fire In," wie er jedes Mal rief, wenn er ein Bild anfing. Hierbei gilt es, eine Grundregel zu beachten, gleichgültig, ob Sie mit dem Malmesser oder Pinsel agieren. Die Farbe, die auf das „Magic White" aufgetragen wird, die muss ganz dünn aufgetragen werden. William sagte immer scherzhaft, „wir malen mit Farbe, ohne dass wir wirklich Farbe auftragen." Und tatsächlich, wenn er beispielsweise ultramarinblaue Farbe für den Himmel aufgetrug und noch ein paar Wolken dazu in einem Gemisch aus Titanweiß und Zinnoberrot hinzufügte, diese dann mit seinem breiten Pinsel kreisförmig verwischte, so dass ein naturalistischer Himmel entstand, dann kratzte er oftmals mit seinem Malmesser die überschüssige Farbe ab, so dass nur noch eine ganz dünne Farbschicht stehen blieb. Denn dann sind wir in der Lage, auf (!) diese Schicht erneut Farbe aufzutragen. Mit dem Malmesser wird nun auf den Himmel ein Bergmassiv gemalt. Die breite Klinge des Messers trägt die Bergform, in einem Farbgemisch aus beispielsweise Blau und Braun auf und wird nach unten hin mit dem Pinsel ausgewischt. Schon jetzt entsteht eine räumliche Tiefe. Doch jetzt wird es fast magisch. Es wird weiße Farbe auf das „allmächtige" Malmesser aufgetragen und partiell über das Bergmassiv gegogen. Die zähe weiße Farbe reißt auf und mit nur einem Strich entstehen unzählige weiße kleine Flächen, die wie unzählige Details aussehen. Die Farbe bleibt auf der untersten Schicht kleben und reißt so auf. Nun werden die Schattenpartien angelegt. Über die eben angelegten weißen Flächen wird mit einem Zug des Malmessers stumpfe blaue Farbe aufgetragen. Auch sie reißt auf und bleibt auf der unteren Schicht kleben. Die Illousion eines komplexen Bergmassivs ist entstanden. Achtung, an dieser Stelle ein unendlich wichtiger Tipp: Jede Farbe, die auf eine untere Schicht aufgetragen wird, die muss ein wenig flüssiger (!!!) sein als die darunter liegend Farbe. Wobei „flüssig" nicht wörtlich zu verstehen ist. Die Farbe ist nach wie vor fest, aber ein klein wenig weicher. Erreicht wird es beispielsweise, indem man dem gewünschten Farbton etwas „Magic White" dazu gibt. Diesen Satz muss sich jeder einprägen, der diese Technik erlernen will, und William wiederholte ihn gebetsmühlenartig: „Die dünnere Farbe klebt auf der dickeren Farbe!" Das ist quasi das ganze Geheimnis. „Die dünnere Farbe klebt auf der dickeren Farbe!" Auf diese Weise wird nasse Farbe nicht ineinander gemalt, sondern übereinander! Das klingt so einfach, aber man muss es doch zunächst sehr lange und intensiv trainieren.

Ebenso wie mit dem Malmesser, verhält es sich auch mit den Pinseln. Wenn beispielsweise ein Baum gemalt werden soll, so wird der große Borstenpinsel in dunkelgrüne Farbe getunkt. So lange, bis der prall angefüllt und „geladen" ist. William knallte dann den Pinsel auf die Leinwand, und mit wenigen Tupfen formte er einen Baum oder gleich einen ganzen Wald. Mit einem kleineren Borstenpinsel, wie beschrieben, es geht aber auch mit fast jedem Baumarktpinsel, sofern die Borsten nichzt zu weich sind, nahm er einen helleren Ton auf. Gelbliches Grün, um so die Sonnenseite Baumes zu gestalten. Auch hier genügen wenige Tupfer auf die Leinwand. Die Borsten des Pinsels, ebenso der Winkel des Auftreffens, sorgen dafür, dass unzählige kleine Strukturen, die wie Blätter aussehen, auf der Leinwand erscheinen. Auch hier gilt natürlich: Dünner Farbauftrag und die obere Farbe muss etwas flüssiger sein als die Untere. Wenn Sie das alles beherzigen, dann steht Ihrer Künstlerkarriere nichts mehr im Wege.

Die großen Träume werden endlich wahr

Als William in Los Angeles war, da hatte er immr wieder wechselnde Künstleragenten, die für die Vermarktung seiner Werke sorgen sollte. Mitunter hatte er welche, die wenig geeignet waren, im Jahre 1973 stand ihm ein junger Mann zur Seite, der wirklich sein Geld wert war. Zu jener Zeit setzte sich mehr und mehr das Fernsehen durch und es entstanden immer neue TV-Sender. Auch William war das natürlich nicht entgangen und fragte sich, ob es nicht eine tolle Idee sein würde, wenn er im Fernsehen Malunterricht gäbe. Für ein Millionenpublikum. Was für ein grandiose Idee. Dann schüttelte er den Kopf und dachte, was für eine lausige Idee. Oder vielleicht doch nicht? Jedenfalls hatte sein Künstleragent eine ähnliche Idee, er wollte William ins Fernsehen bringen. Es gab unzählige Spielshows im Fernsehen, eine davon nannte sich „Dialing for Dollars," und das Konzept war zweifelsfrei ebenso anspruchsvoll wie die Konzepte heutiger Gameshows. Dem Agenten gelang es, William mit einem Gastauftritt in die Show zu bringen. Live würde er dort innerhalb von 30 Minuten eine seiner Landschaften malen. Alle zehn Minuten schwenkte dann die Kamera auf ihn rüber und zeigte den Fortschritt. Alle waren sie begeistert von seinem Können. Aber Folgeauftritte gab es keine. Auch bei einem Casting nahm er teil und beeindruckte sehr, jedoch auch hier ohne greifbares Ergebnis. Unser „Happy Painter" war am Boden zerstört, wieder einmal. So machte er weiter wie gewohnt. Malen im Shoppingcenter, Gemäldeverkauf vom VW-Bus aus, Unterricht. Dann aber, im Spätherbst, da rief ihn sein Agent an: „Bill, hast Du schon gehört, dass eine neue TV-Station eröffnet wurde? KOCE-TV[36)] heißen die, drüben in Huntington Beach. Und die suchen was Neuartiges für ihr Bildungsprogramm." 21 Jahre nachdem William auswanderte, würde dieser Anruf endlich seinen großen Durchbruch einläuten. Es wurde ein Termin vereinbart, und William packte alle seine Gemälde ein. Selbst auf dem Beifahrersitzt stapelten sie sich. Er war felsenfest entschlossen, diese Chance nicht zu vertun.

Auf dem Gelände des TV-Senders traf er sich dann mit seinem Agenten. Dem 58jährigen William gefiel es hier sofort. Überall huschten junge Fernsehleute rum und alles wirkte so dynamisch und so positiv auf ihn. „Fire in," rief er und ballte seine Faust. Seinem Agenten klemmte William so viele Gemälde unter die Arme, wie er nur tragen konnte, den Rest, es war noch immer ein gewalltiger Stapel, jonglierte er selber in das Büro des Stationsleiters. Später erinnerte sich William und sagte, dass der junge Stationsleiter, sein Name war Don Gerdts, mit seinen schwarzen Haaren und seinem Oberlippen- und Kinnbart so aussah, als könne er in jedem Errol Flynn-Film[37)] den Bösewicht spielen. Aber Gerdts war ein feiner Kerl, der sich jedes einzelne Bild von William zeigen ließ und sich geduldig alles anhörte. Nachdem er seine Gemälde zeigte, fragte ihn Gerdts, ob er wirklich solche Gemälde in nur 30 Minuten erstellen könnte. „Darauf können Sie wetten," antwortete William grinsend. Don Gerdts lehnte sich hinter seinem Schreibtisch zurück und überlegte eine Weile. Für William war es eine gefühlte Ewigkeit. Dann beugte er sich wieder vor und zeigte auf William: „Wissen Sie, Mr. Alexander, was wir machen? Wir drehen einen Pilotfilm mit Ihnen. Sie malen vor laufender Kamera in 30 Minuten ein Ölgemälde, und wir schauen dann, ob es beim Publikum ankommt. Wir sind ein neuer TV-Sender, wir haben kein Geld, deshalb können wir Ihnen für diesen Pilotfilm auch nichts zahlen. Aber wenn es klappt, dann machen wir eine Staffel, und dann verdienen was. Ist das in Ordnung für Sie?" William strahlte und willigte sofort ein. Als er fragte, ob er denn Publikum hätte, lehnte Gerdts ab, da das Geld kosten würde. Nur William, seine Staffelei und die Kamera würden im Studio sein. Der Gedanke daran, nur mit einer Kamera im Studio zu sein weckte plötzlich Unbehagen bei William. Er war es gewohnt, mit den Zuschauern zu kommunizieren, sie einzubinden. Don Gerdts holte ihn abrupt aus seinen Gedanken heraus und fragte, was er denn, wenn es eine Staffel geben sollte, verdienen wolle? William schmunzelte: „Geben Sie mir, was ich wert bin und was fair ist." So sollte es dann auch sein, und Don Gerdts hat sich all die Jahre stets als fair, sehr fair sogar, erwiesen. Im Studio wurde dann seine Staffelei aufgebaut und die Kamera positioniert. Der Produktionsleiter, ein Mr. Greene, und William wussten beide nicht so recht, wie sie denn beginnen sollten. Zusammen mit dem Kameramann schaute man zunächst, aus welchen Perspektiven man arbeiten wolle, und William fing an zu schwitzen. Wäre Publikum da, dann könnte er mit ihnen spielen und alles wäre ganz einfach. Aber hier war nur er alleine. Man entschloss sich, dass William einfach mal anfangen sollte, zunächst noch ohne Kamera. Und William legte los, so wie er es auch in den Shopping Centern stets machte. Er schmetterte den Pinsel auf die Leinwand und bewegte sich wild hin und her, bis Mr. Greene ihn unterbrach: „Nein nein, nein, Mr. Alexander. Sie dürfen sich nicht so doll bewegen. Sie müssen still stehen. Nicht so viel bewegen, bitte." Dann gab er das Zeichen, dass die Aufnahme beginnen soll. Sämtliche Scheinwerfer gingen an, und die Temperatur in dem kleinen Studio stieg merklich an. William fing noch mehr an zu schwitzen, auch vor Nervosität. Was sollte er nur sagen? Wohin sollte er schauen? Und dann musste er ja auch noch daran denken, dass er sich nicht zu sehr bewegen durfte. „Kamera an," hörte er Mr. Greene rufen, und die Kamera, keine zwei Meter von William entfernt, leuchtete plötzlich rot auf. William in seiner Not stellte sich vor, dass all seine Freunde und Schüler um ihn herum sitzen würden, das gab ihm mentale Kraft, und er schaute direkt in die Kamera: „Hallo, mein Name ist Bill Alexander, und ich kann Ihnen beibringen, wie man malt." Dann legte er los, malte und redete, so wie er es auch vor seinen Schülern tat. Als die Aufnahme beendet war, fühlte er sich schrecklich.

Das war alles ganz fürchterlich gelaufen, meinte er. Das Timing war falsch, und dann sein fürchterlicher deutscher Akzent. Das war alles nichts. Enttäuscht fuhr er nach Hause, und eine ganze Weile hörte er auch nichts vom TV-Sender. So gingen Anna Margarete und er ihren gewohnten Weg. Er malte in den Shopping-Meilen, gab Unterricht und verkaufte vom VW-Bus aus seine Bilder. Indes hatte der TV-Sender den Pilotfilm mit William ausgestrahlt. Im Anschluss an den Film wurde das Fernsehpublikum gefragt, ob es ihnen gefiel, und ob sie mehr davon sehen wollten. Die Resonanz war erstaunlich. Innerhalb weniger Tage erhielt der Sender 200 Anrufe und 150 Briefe. Bislang erhielt der Sender so viele Antworten gerade einmal im Laufe eines ganzen Jahres. Die Zuschauerantwort war eindeutig: Sie alle wollten William sehen! Don Gerdts rief ihn darauf hin sofort an, es war mitten in der Nacht, und der leicht verschlafene William war nach wenigen Worten von Gerdts schlagartig hellwach. Das Management von PBS, ein Verbund diverser TV-Sender, zu denen auch KOCE gehörte, wollte eine Staffel mit William drehen. Auch der Titel war schon geboren: „The Magic of Oil Painting." Der Titel passte, denn es war ja wie Magie, was auf der Leinwand geschah. William solle schnellstmöglich zum Studio kommen. Nun bekam sein Leben eine ganz neue Dynamik, jetzt würde er Schüler unterrichten können, und das im ganzen Land. Zu PBS gehörten 120 Tochtergesellschaften, das war ein Millionenpublikum. Doch nicht alle Sender wollten William zunächst zeigen. Ein PBS-Sender in Chicago wollte die Show ursprünglich nicht ausstrahlen, weil der Stationsleiter Williams deutschen Akzent und seine unbeholfene Art vor der Kamera als unerträglich empfand. Wegen des großen Erfolges von „The Magic of Oil Painting" entschied er sich aber schnell um. William hatte eine halbe Stunde Zeit, und er perfektionierte sein Timing. Exakt 27 Minuten und 40 Sekunden benötigte er fortan für sein Gemälde. Er lernte schnell, wie er mit dem TV-Publikum interagieren konnte und nutzte die Aufnahmezeit stets, um neben all den Tipps und Tricks, die er dem Publikum näher brachte, auch seine Weltanschauung zu vermitteln. Das positive Denken, das Ziel eines glücklichen Lebens, ein Leben mit Mutter Natur und der Glaube an ein besseres Morgen. All das floss stets mit ein. In einem Interview im Jahr 1983 sagte Don Gerdts in der Los Angeles Times über William: „... Was Alexander tut, ist Malerei, aber er verkauft eine Lebensphilosophie. Und seine Philosophie ist: Haben Sie keine Angst, neue und andere Dinge auszuprobieren. Er weckt den Drang, es zu tun. Das ist seine Mystik." Schnell wuchs seine Popularität. Im Laufe der Jahre erhielt er mehr und mehr Fanpost. Am Ende wurden während der Drehtage fünf Mitarbeiter in einem Wohnwagen untergebracht, um von dort aus die wöchentlich 2000 Fanbriefe zu beantworten. Es gab zahllose Dankesschreiben für all die Inspiration, aber auch Liebeserklärungen. Und so manchen Brief beantwortete William auch selbst. Ein Brief ist ihm noch lange in Erinnerung geblieben, über den musste er so herzlich lachen. Ein Typ aus Alabama schrieb ihn mal an und sagte, er hätte Jahre lang versucht, Bäume zu malen, so wie William es im Fernsehen gezeigt hätte. Aber sie alle sahen lausig aus, und er wollte schon aufgeben. Dann entschloss er sich aber, wie William, beim Malen zu reden. Tatsächlich, die Bäume wurden schon ein wenig besser. Und der Typ aus Alabama schilderte, dass er daraufhin beim Reden auch den fürchterlichen Akzent von William kopierte. Und siehe da, es klappte! Seine Bäume sahen auf einmal richtig gut aus. Er schloss den Brief mit den scherzhaften Worten: „Jetzt kenne ich Ihr Geheimnis."

Die erste Folge von Staffel eins flimmerte am 18. Februar 1974 auf den Mattscheiben. Pro Staffel waren 13 Folgen geplant, und pro Woche lief eine Folge mit jeweils 30 Minuten Länge. Die letzte Folge der ersten Staffel war am 13. Mai 1974 zu sehen. Danach hatte das Team genügend Zeit, um die nächste Staffel zu produzieren, die wiederum von Februar bis Mai des Folgejahres laufen würde. Neun Staffeln wurden gedreht, insgesamt 117 Folgen. Am Ende übertrugen 120 Sender von PBS seine Show. Die letzte Sendung lief am 10. Mai 1982. Nachdem der Stein ins Rollen kam, wurde vieles einfacher für William. Viel einfacher! Ein Bekannter von ihm war der Buchverleger Walter Foster, der schon mehrere Kunstbücher auf den Markt brachte, die dem Leser das Malen Schritt für Schritt erläuterten. Nie hatte er William bislang gefragt, ob er nicht auch einmal ein Buch mit ihm machen wolle. Nachdem aber Williams Bekanntheitsgrad durch die TV-Show stieg, da kam Mr. Foster plötzlich auf ihn zu. Und es war eine Win-Win-Situation. Alle profitierten. Der Sender, der Verleger, und natürlich auch William. Das Buch wurde ein Bestseller. Weitere Bestseller folgten. William erreichte seinen Zenit, er hatte sogar einen Auftritt in der legendären „Tonight Show" von Johnny Carson.[38] Man erkannte ihn in der Öffentlichkeit, und er wurde von seinen Fans immer wieder regelrecht umringt.

Privat war er ein Mensch, wie jeder andere auch. Er hatte seine kleinen Lieblingsärgernisse und auch schlechte Angewohnheiten. Aber er dachte immer positiv, das Glas war für ihn stets halb voll. So konnte er es gar nicht ertragen, wenn negative Energie um ihn herum war. Und wenn solche Menschen in seinem Umfeld waren, so zog er sich schnell wieder von ihnen zurück. Er hatte auch viele hirnrissige Ideen, die ihn sehr teuer zu stehen kamen. Er war eben ein Künstler, und Geld gab ihm die Freiheit, sich auszudrücken, auch wenn das Geld in der Regel sehr unüberlegt ausgegeben wurde. Wenn dann eine seiner Ideen floppte, lachte er herzlich und sagte dann nur, dass er halt zeigen wollte, wie man es nicht tun sollte. Bill war nicht besonders gebildet, und das wusste er. Schließlich war er in Ostpreußen nur auf der Grundschule gewesen. So respektierte er „gebildete Menschen," weil er wusste, dass er es nicht war. Aber er war schlau wie ein Fuchs, pflegte er stets zu sagen, und er war ein Schlitzohr. Ebenso war er ein Idealist. Meistens glaubte er einfach, dass gute Dinge einfach passieren würden, wenn man mit guten Absichten durchs Leben ging und sein Bestes gab. Doch das Leben ist anders, komplexer, die Menschen haben unterschiedliche Naturen, das hat er nicht immer verstanden. Er glaubte aufrichtig, die Welt zu einem besseren Ort zu machen. Er wollte wirklich andere dazu ermuntern, es ihm gleich zu tun. William, der es liebte, „Bill" genannt zu werden, war und wollte stets ein guter Kerl sein. Er hatte durchweg gute Absichten und war immer sehr großzügig, oftmals zu seinem eigenen Nachteil, denn nicht alle Menschen um ihn herum waren anständig. Bill war nicht sehr belesen und wusste meistens nur aus den Radio- und Fernsehnachrichten, was in der Welt so alles geschah. Doch hatte er klare Ansichten, vor allem was Krieg anbelangt. Er selbst hatte ja die umfangreichsten Erfahrungen sammeln müssen. Darüber sprach er aber nur im allerengsten Kreis, normalerweise bei einem Kaffee oder seinem Fischfrühstück. Und obwohl er gegen den Krieg war, wirkte er nicht immer wie ein Pazifist, was er aber war. William konnte sich schnell auch mal in Rage reden und deutliche Worte finden, wenn schlechte oder skrupellose Politik gemacht wurde. Er wusste, Geld bedeutet Macht. Und Macht korrumpiert. Als Michail Gorbatschow[39] einmal nach Vancouver zu einer Konferenz kam, fuhr William mit seinem Ziehsohn extra dort hin, nur um ihn reden zu hören. Gorbatschow wurde in seinen Augen zum Helden, als der Kalte Krieg[40] zu Ende ging. Er setzte sich für Frieden und Verständigung ein, und William sah eine bessere Welt auf die Menschen zukommen. In diesem Zusammenhang überreichte er Gorbatschow eines seiner Gemälde als Geschenk.

„The Magic of Oil Painting"

Hier die chronologische Auflistung der einzelnen Folgen
mit dem jeweiligen Erstausstrahlungsdatum:

1. Staffel
- A Morning Kind of Mountain
  (18. Februar 1974)
- After the Storm (25. Februar 1974)
- Along the Moulon Rouge (4. März 1974)
- Autumn Lake (11. März 1974)
- Canadian Canyon (18. März 1974)
- Country Road (25. März 1974)
- Glacier Bay (1. April 1974)
- Green Rain Forest (8. April 1974)
- Hillgrueber's Farm (15. April 1974)
- Mountain Island (22. April 1974)
- Rain (29. April 1974)
- Solitude (6. Mai 1974)
- Winter Shack (13. Mai 1974)

2. Staffel
- Alpine Junction (17. Februar 1975)
- Craggy Pass (24. Februar 1975)
- Candle on Black (3. März 1975)
- Frozen Citadel (10. März 1975)
- Looking for Gold (17. März 1975)
- Miller's Colony (24. März 1975)
- Mountain River (31. März 1975)
- Mountain Road (7. April 1975)
- Mr. Brown's Farm (14. April 1975)
- Neptunes Bateau (21. April 1975)
- Silver Plume Lake (28. April 1975)
- Steel Lake (5. Mai 1975)
- Autumn Colors (12. Mai 1975)

3. Staffel
- Along the Swan River (16. Februar 1976)
- Autumn Dream (Februar 23, 1976)
- Beyond the Arctic Circle (1. März 1976)
- Columbia River Gorge (8. März 1976)
- Fall River (15. März 1976)
- Haystack Rock (22. März 1976)
- Holiday Mountain (29. März 1976)
- Mountain Water Runoff (5. April 1976)
- Seascape (12. April 1976)
- The Homestead (19. April 1976)
- To The Summit (26. April 1976)
- Vase by Knife (3. Mai 1976)
- Waterfall and Rapids (10. Mai 1976)

4. Staffel
- Alpine Lagoon (21. Februar 1977)
- At The Beach (28. Februar 1977)
- Bills Covered Bridge (7. März 1977)
- Black Canvas Still Life (14. März 1977)
- City Silhouette (21. März 1977)
- Don't Fence Me In (28. März 1977)
- Grand Canyon (4. April 1977)
- Lake Kabetogama (11. April 1977)
- Midnight Roses (18. April 1977)
- Sunset I (25. April 1977)
- Sylvan Path (2. Mai 1977)
- Texas Scene (9. Mai 1977)
- Thousand Island Lake (16. Mai 1977)

5. Staffel
- Colorado River Canyon (20. Februar 1978)
- Desert Canyon (27. Februar 1978)
- Falling Leaves (6. März 1978)
- Falling Water (13. März 1978)
- Grapes and a Jug II (20. März 1978)
- Greener Pastures (27. März 1978)
- Knife Mountain (3. April 1978)
- Mountain Lake and Island (10. April 1978)
- Near Lassen CA (17. April 1978)
- Red Sailboat (24. April 1978)
- Still Life in Vase (1. Mai 1978)
- Stormy Ocean (8. Mai 1978)
- Swamp Two (15. Mai 1978)

6. Staffel
- Candle on Black (19. Februar 1979)
- Fall Touches (26. Februar 1979)
- Lower Falls I (5. März 1979)
- Montana de Oro (12. März 1979)
- Natures Bounty (19. März 1979)
- Rolling Mist (26. März 1979)
- Sunset Beach (2. April 1979)
- Tumalo Trail (9. April 1979)
- Western Skies (16. April 1979)
- West Virginia Mountains (23. April 1979)
- Winter Day (30. April 1979)
- Winter Lake (6. Mai 1979)
- Winter Scene (13. Mai, 1979)

7. Staffel
- Adirondack Pleasure (18. Februar 1980)
- Apple Valley (25. Februar 1980)
- Autumn Dreams (3. März 1980)
- Evening At Eagle Lake (10. März 1980)
- Grand Marais Pines (17. März 1980)
- Lac du Flambeau (24. März 1980)
- Merced River Yosemite (31. März 1980)
- Moonlight Mirage (7. April 1980)
- Secluded Cabin (14. April 1980)
- Snowy Mountain Road (21. April 1980)
- Still Life and Grapefruit (28. April 1980)
- Sunlight I (5. Mai 1980)
- West Virginia River (12. Mai 1980)

8. Staffel
- Bill's Mountain Waterfall (16. Februar 1981)
- Dell's Pond (23. Februar 1981)
- Down By The Riverside (2. März 1981)
- Forest Hollow (9. März 1981)
- Gorgeous Gorge (16. März 1981)
- Island Eve (23. März 1981)
- Jeffrey Pine (30. März 1981)
- Marigold on Black (6. April 1981)
- Mountain in the Clouds (13. April 1981)
- Mount Baker (20. April 1981)
- Quetico Wilderness (27. April 1981)
- Rain Forest (4. Mai 1981)
- Robin Hood Bay (11. Mai 1981)

9. Staffel
- Big Mountain (15. Februar 1982)
- Butterfly (22. Februar 1982)
- Daisies with a Knife (1. März 1982)
- Farm Scene (8. März 1982)
- Hidden Falls (15. März 1982)
- Jar Still Life (22. März 1982)
- Lonely Pine (29. März 1982)
- Lost Lagoon (5. April 1982)
- Moonlit Splendor (12. April 1982)
- Mountain Paradise (19. April 1982)
- Silver Falls (26. April 1982)
- The Wall (3. Mai 1982)
- Winter Sky (10. Mai 1982)

Das Paradies am Ende von Highway 101

Wenn sie nicht in Los Angeles sein mussten wegen der Studioarbeit, oder weil William vor immer größeren Gruppen Unterricht erteilte, dann suchten beide noch immer nach einem Heim inmitten der Natur, wo sie ihren Traum vom unabhängigen Leben verwirklichen könnten. 1975 fanden sie es dann. In British Columbia, am Ende des Highway 101, in Powell River. Um an diesen Ort zu gelangen, musste man am Ende des Highways das Auto stehen lassen und mit zwei verschiedenen Fähren übersetzen. Das war genau nach Williams Geschmack. Sie waren quasi am Ende der Welt angelangt. Scherzhaft schrieb er später, dass Moses 40 Jahre durch die Wüste irrte, bis das gelobte Land in Sicht kam. Er, William, brauchte ganze 60 Jahre dafür. In Powell River fand der Naturliebhaber alles, was ihn erfreute. Das Meer war nah, die hohen Berge im Hintergrund trugen weiße Schneekappen, die Wälder und Wiesen waren üppig. Überall gab es Flüsse und Seen, und das Klima war mild. Jede Jahreszeit hatte ihren eigenen Charme und ihre eigene zauberhafte Farbwelt. William schaute sich mit seiner Freundin um, ob es nicht hier irgendwo ein Stück Land zu kaufen gäbe. An der Küste gab es zwar welches, aber die Preise waren astronomisch. Im Landesinneren wurden die Preise zwar günstiger, nur verkaufen wollte hier zur Zeit auch niemand. Beide waren frustriert und fürchteten, dass dieser Traum erneut platzen würde, bevor er überhaupt anfing. Dann erhielten sie den Tipp, sie mögen doch zu einem bestimmten Grundstück fahren. Der dortige Eigentümer, ein alter Norweger namens Olav Amundsen, der wolle schon lange verkaufen. Seine Frau verstarb vor einiger Zeit, und seine Kinder waren längst aus dem Haus. Sofort fuhren die Beiden zu dem beschriebenen Grundstück, um den alten Norweger kennen zu lernen. Olav Amundsen hätte in jedem Wikingerfilm mitspielen können. Er war ein alter knorriger Mann mit leuchtenden Augen, die er zu kleinen Schlitzen verengen konnte, mit denen er einen dann messerscharf anstarrte. Das harte Leben, dass er führte, zeichnete unendlich viele Falten, nein, pardon, Runen in sein Gesicht. Aber er hatte ein freundliches und warmes Wesen. Das Grundstück des Norwegers war wunderschön. Es lag am Waldrand, dort wuchsen Tannen und Zedern, im Hintergrund waren die hohen Berge zu sehen. Hinter seinem Haus floss ein Fluss, in dem die Lachse schwammen. Das Haus allerdings, das war das schäbigste und heruntergekommendste Haus, dass die Beiden jemals sahen. Es war abrissreif. Doch das schreckte die Beiden nicht ab. Hier war ihr Paradies, sie spürten es. Was er denn haben wolle, fragte William, und der Norweger meinte, sie könnten alles für ein wenig Geld bekommen. Er träume davon, mit einem Wohnmobil durch das Land zu fahren und alles sehen zu wollen, was er noch nicht kannte. So wolle er dann sein Leben beschließen. Sie wurden handelseinig, das nächste große Abenteuer könne nun beginnen. Zunächst mussten Anna Margarete und William das Grundstück herrichten. Auf dem zum Teil felsigen Boden lagen unzählige Steine und Felsbrocken herum. Die zu beseitigen war eine echte Herausforderung. Es dauerte, aber sie schafften sie alle weg, bis auf einen. Der war so groß und schwer, der musste bleiben, doch sie würden eine Verwendung für ihn finden. Nachdem dann all die Büsche und Sträucher herausgerissen waren, konnten sie Ihr Paradies planen. Zunächst würden sie ein schönes doppelgeschossiges Holzhaus mit einer großen Dachterrasse errichten. Da es aber bislang keinerlei Stromanschluss auf dem Grundstück gab, musste unser „Happy Painter" einen Graben vom Haus bis runter zur Straße in den felsigen Boden schlagen. Es war eine Mordsplackerei. Doch nach und nach entstand alles. Rund um den riesigen Felsen in der Nähe des Hauses pflanzten die beiden Weinreben. Alle Nachbarn lachten zunächst und sagten, hier wächst kein Wein auf dem Boden. Doch sie täuschten sich, es gediehen die größten und süßesten Trauben weit und breit. Der Felsen strahlte so viel Wärm ab, dass die Reben sich dort pudelwohl fühlten. Nachdem das Haus ihren Wünschen entsprach, hoben sie direkt gegenüber einen großen Teich aus, auch bohrten sie einen Brunnen. Rund um den neuen Teich pflanzte Anna Margarete Tannen und Zedern, liebevoll wurde das gesamte Areal gestaltet. Jedoch der Fluss hinter dem Haus erwies sich als etwas tückisch. Zwar schwommen dort die Lachse, doch zur Laichzeit roch es übel hinter dem Haus, denn dann trieben dort die bereits verendeten Fische mit dem Bauch nach oben. William sah es pragmatisch und fischte sie alle stoisch heraus. Rund um die neu eingepflanzten Bäume hob er tiefe Löcher aus und begrub dort die Lachse. Die Bäume gediehen prächtig! Gegenüber ihres Hauses baute sich William dann sein Atelier, es folgten Arbeitsschuppen und ein großer Hühnerstall mit Gehege. Es war ein richtiger kleiner Bauernhof. Sie hatten Gänse, Enten, Hühner und Fische. Auch ein liebenswerter Hund namens „Brandy" fand dort sein Zuhause. So lange sie in Powell River lebten, hatte William viele Pläne. Er wollte nach und nach mehr Land erwerben und einen Vogelpark errichten. In vielen Dingen war er ein Vorreiter. Er, der Mutter Natur so sehr liebte, er wollte ihr jetzt etwas zurück geben. So baute er beispielsweise eine Fischzucht auf, Lachse sollten im großen Umfang gezüchtet und dann in die Freiheit entlassen werden. Und tatsächlich, bis zu 40.000 Lachse wurden im Jahr in die Flüsse entlassen. William gab Zehntausende Dollar für seine Projekte aus, damals ein kleines Vermögen. Da William noch immer das Fischen so sehr liebte, war es naheliegend, dass er sich ein seetüchtiges Boot zulegen würde. Jeder hatte dort ein Boot, denn wer keines hatte, der kam nur nach Vancouver Island rüber, indem er die öffentlichen Fähren benutzte. Powell River hatte aber auch noch einen weiteren Vorteil. Nachdem Bill immer berühmter wurde, versuchten immer mehr seiner Fans, seine Adresse ausfindig zu machen. Und Bill ermutigte viele sogar dazu, wenn er in seiner Show wiederholt sagte, wie schön es doch wäre, wenn die Zuschauer ihn besuchen würden. So manch einer tat es, und Anna Margarete musste sodann von einem Augenblick zum Anderen in die spontane Gastgeberrolle schlüpfen, was ihr absolut missfiel. Powell River, am Ende der Welt, war ideal. So berichtete sein Ziehsohn einmal, dass er von seinem Wohnort Port Alberni aus bis nach nach Powell River, die Entfernung liegt bei etwa 150 Kilometern, mehr als elf Stunden benötigte, so dass sie sich fortan lieber nur noch in Vancouver trafen.

Für William lief es jetzt bestens in seinem Leben. Nur der Verkauf seiner Farben und Pinsel ließ zu wünschen übrig. Er hatte verschiedene Hersteller gefunden, die in Montral und Toronto saßen, und nach seinen Wünschen produzierten. Auf sein Malmesser hatte er sogar ein Patent. Eines abends klingelte das Telefon, ein gewisser Sid Knudsen war am anderen Ende. Knudsens Frau besuchte vor Kurzem einen von Williams Kursen und hatte irgendwie mitbekommen, dass William etwas über den schleppenden Abverkauf seiner Pinsel sagte. Das erzählte sie ihrem Mann, der gleich Feuer und Flamme war. Sid Knudsen hatte schon in allen möglichen Branchen gearbeitet. Er war Trucker an der Westküste, Holzfäller und Stahlarbeiter. Nun wollte er sich mal wieder beruflich verändern, und der Vertrieb von Malartikeln klang sehr gut und aufregend für ihn. Sid konnte organisieren und gut reden. Also bot er sich William an. Dieser hörte am Telefon den Ausführungen geduldig zu. Doch er war zurückhaltend. Seit er eine gewisse Berühmtheit erlangte, boten sich ihm viele Menschen an, und nicht alle hatten Gutes im Sinn. Auch in seinem Freundeskreis bemerkte er Veränderungen, die ihm zum Teil sehr weh taten. William konnte gönnen. Neid und Missgunst waren ihm vollkommen fremd. Doch es kam wiederholt vor, das alte Weggefährten, Künstler zumeist, die noch nicht den Durchbruch schafften, neidisch und missgünstig fragten, wieso denn ausgerechnet er es schaffte, und nicht sie selber. Diese Erfahrungen lehrten ihn eine gewisse Vorsicht. Dann fragte William den Mann am Telefon, ob er denn meine, dass man den Pinselverkauf mit der Show kombinieren sollte. Er bekam ein langes Schweigen als Antwort, und dann fragte Sid, von was für einer Show er denn sprechen würde. William verstand und lachte über sich. „Nur weil ich eine Show habe im Fernsehen, heißt es doch noch lange nicht, dass auch alle Welt mich kennen muss." William war regelrecht erleichtert. Der Mann am Telefon wusste gar nicht, dass er brühmt war. Sofort hatte er ein gutes Gefühl und lud Sid und seine Frau nach Powell River ein. Ein paar Tage später trafen sie sich dann. William trug eines seiner alten Sakkos und seinen geliebten Elbsegler. William hätte so auch zum Angeln oder Holzfällen gehen können. Sid Knudsen hingegen trug einen braunen Anzug und sah wie aus dem Ei gepellt aus. Sid war groß gewachsen und sah dem Hollywood-Star Robert Ryan[41] verblüffend ähnlich (diesen Schauspieler kennt heute freilich nur noch der cineastisch geprägte Leser mittleren Alters, unter Anderem durch die Rolle als Kapitän Nemo oder durch Western wie „Die gefürchteten Vier"). Schnell merkten William und sein Besucher, dass sie sich symphatisch waren, und sie wurden sich schnell einig, dass Sid sich fortan um die Vermarktung von Farben, Leinwänden und Pinseln kümmern würde. Er nahm dafür sogar eine Hypothek auf sein Haus auf und gründete eigens eine Firma mit Sitz in Salem, Oregon. Die Zeit verging, William hörte wenig von Sid, bis dieser sich dann eines Abends plötzlich bei ihm meldete: „William, hier ist Sid, der Mann mit dem braunen Anzug." Beide mussten lachen, und der Spruch „der Mann mit dem braunen Anzug" wurde bei Ihnen fortan ein Running-Gag. „Ich hoffe, Sie sitzen, denn ich habe große Nachrichten."Ich habe einen Großkunden gewonnen, die Firma „Aaron Brothers!" Diese Firma war einer der ganz großen Anbieter für Künstlerbedarf mit 55 Läden in mehreren Bundesstaaten. In allen Filialen sollte fortan das gesamte Sortiment zu bekommen sein. Sid wurde im Laufe der Zeit ein guter Freund und am Ende sogar der Manager von William.

Im Jahr 1979 bahnten sich beim Lokalsender KOCE große Veränderungen an. Ein neuer Studiodirektor wurde engagiert. Carrol Ellerbe. Ein weithin bekannter Vollprofi, der vorher bei NBC war, und der mit seinen spektakulären Produktionen schon mehrere „Emmy Awards"[42] gewann. Er wollte sich zu allererst ganz speziell um William und „The Magic of Oil Painting" kümmern. Als William das erfuhr, war ihm etwas mulmig im Magen, und er fürchtete insgeheim, der neue Direktor könnte ihn, den Auswanderer mit dem fürchterlichen Akzent, als plump empfinden. Doch nichts dergleichen geschah. Mr. Ellerbe wollte vielmehr die Produktion eleganter und nicht so statisch gestalten wie bislang. „William, wir ändern das mit den Kameras für Sie. Stellen Sie sich einfach vor, wir würden hier zusammen miteinander tanzen. Sie führen, und wir kommen immer hinterher. Bewegen Sie sich. Einfach so, wie sie wollen, wir hängen Ihnen dann immer an den Fersen." William atmete erleichtert auf und schilderte später, dass das Zusammenarbeiten mit den Kameraleuten fortan tatsächlich viel entspannter war. Es wurde deutlich mehr gelacht und viel mehr miteinander gescherzt. Schaut man sich einige alte Folgen an und vergleicht sie mit denen, die nun gedreht wurden, so sind die Neueren deutlich abwechslungsreicher und flüssiger von den Schnitten her. Es gibt verschiedene unterschiedliche Perspektiven, Close-Up-Einstellungen, und es fällt wiederholt auf, dass William bei seinem dynamischen Agieren immer mal wieder dezent schauen muss, welche Kamera denn gerade auf ihn gerichtet ist. Und die Mühen zahlten sich aus. Bereits im Jahr 1979 erhielt die Show von William den begehrten „Emmy Award." Sid Knudsen, „der Mann mit dem braunen Anzug," bewies auch weiterhin sein Marketingtalent. Wenn keine Dreharbeiten waren, dann organisierte er im ganzen Land Verkaufstouren in den großen Shopping Centern mit William als Hauptattraktion. Auch weitete er das Geschäft aus und ergänzte mit William zusammen die Produktpalette, schließlich ging es ja darum, Farben und Pinsel zu vertreiben. In den ersten Staffeln hatte William immer mal wieder auch auf einer schwarzen Leinwand gemalt. Dazu wurde erst einmal eine weiße Leinwand mit matter Latexfarbe grundiert. Da das langsam trocknende „Magic White" lediglich auf weißen Leinwänden funktioniert, grundierte William diese schwarzen Leinwände anschließend mit einem beliebigen anderen Farbton, Blau oder Grün beispielsweise. Er musste lediglich transparent sein, das heißt, nicht deckend. Diesen Farbton trug er genau so auf, wie das „Magic White," und es erfüllt auch in etwa die gleiche Funktion. Mit der Einschränkung vielleicht, dass, wenn Sie beispielsweise einen grünen Farbton wählen, sämtliche danach aufgetragenen Farbtöne mit Grün gemischt werden, was das Kolorit einschränkt. Deshalb ersann man dann ein Pendant zum „Magic White," das ebenfalls langsam trocknende „Clear Vanish." Nun konnte man auf der schwarzen Leinwand alle Farben verwenden, was ein ganz neues Farbspiel ermöglichte. Eine Vielzahl an Spezialpinseln folgte im Lauf der Jahre. Die Geschäfte liefen gut. Wobei William sich nicht sonderlich für die geschäftlichen Inhalte interessierte, das war Angelegenheit von Sid. Er sprach mit den Herstellern und Produzenten, wie seine Produkte beschaffen sein müssten und konzentrierte sich ansonsten auf seine Show und den Unterricht.

William war übrigens nicht Miteigentümer der neu gegründeten Firma. Aber es war alles genau geregelt. Für jeden Artikel, der mit seinem Namen oder seinem Bild produziert wurde, erhielt er von Sid Knudsen vorher festgelegte Lizenzgebühren. Auch hatte William einen persönlichen Dienstleistungsvertrag mit KOCE-TV, der nach wie vor seine Sendungen produzierte, verkaufte und ausstrahlte. Das brachte ihm jährlich etwa 40.000 US-Dollar ein. Seine Einnahmequellen stammten also hauptsächlich aus seinem Vertrag mit dem Fernsehsender, dann aus den Lizenzgebühren vom Verkauf der Malutensilien, und zum Teil aus Gemälden, die er möglicherweise verkauft hatte. Es war alles sehr entspannt, vor allem mit Sid, mit dem sich eine immer engere Freundschaft entwickelte. Es muss so Mitte der 1980er gewesen sein, als KOCE-TV William plötzlich eine Assistentin zur Seite stellte, um es einmal charmant zu formulieren. Diese Assistentin war, wenn William zu Dreharbeiten nach Los Angeles kam, stets an seiner Seite. Sie war so eine Art „Anstandsdame," das klingt deutlich netter als der zutreffendere Begriff „Aufpasserin," die dafür zu sorgen hatte, dass William auch wirklich immer dort ankam, wo er sein sollte. Denn immer wieder kam er entweder zu früh, oder zu spät, oder auch gar nicht, weil er ganz woanders wartete. Er wirkte manchmal wie so ein verträumter und zerstreuter Professor. Auch während der Dreharbeiten in Los Angeles „passte sie dauerhaft auf ihn auf." Denn William wurde zuvor schon zweimal in der Stadt überfallen, als er alleine ausging. Er konnte sehr naiv und auch ein bisschen „hilflos" sein, um es mit den Worten seines Ziehsohnes zu sagen. Das war zwar eine sehr liebenswerte und menschliche Eigenschaft von William, aber auch durchaus gefährlich für ihn, wenn er dann zur falschen Zeit am falschen Ort war.

William Alexander und sein Schüler Bob Ross

Einer der vielen millionen Zuschauer von Williams Show befand sich in Alaska. Er kam ursprünglich aus Florida, hatte sich jedoch auf 20 Jahre bei der Air-Force verpflichtet und wurde irgendwann in den hohen Norden versetzt. Sein Name war Bob Ross. Aus erster Ehe hatte er einen Sohn namens Steve, jedoch trennten sich die Eltern und so heiratete er ein zweites Mal. Bob nutzte jede freie Minute, um zu malen. Landschaften waren sein Ding, Portraits konnte er nicht so gut malen, wie er Jahre später einer Moderatorin gestand. Aber er liebte die Natur, so wie auch William. Ross war phasziniert, wie schnell und einfach William seinen Landschaften zauberte. In einem Interview sagte er einmal: „Ich habe Alexander im Fernsehen gesehen. Wie millionen andere Menschen auch. Ich war begeistert, lernte von ihm, und als ich aus dem Militär ausschied, boten sie mir eine Stelle als Kunstlehrer an."[43] Und so war es auch. Er nahm zunächst an einem Kurs von William teil. Das war mittlerweile gar nicht mehr so einfach, denn Williams Kurse waren längst derart begehrt, dass es lange Wartezeiten gab. Doch er hatte Glück und ergatterte einen Platz. William wurde schnell aufmerksam auf den talentierten jungen Mann und nahm sich seiner an. Irgendwann kam der Gedanke auf, um die immer größere Nachfrage an Malkursen und Workshops im ganzen zu befriedigen, einen Kunstlehrer auszubilden. Die militärische Dienstzeit von Ross endete am 31. Juli 1981, und er machte sich auf, um Mallehrer zu werden. Er sollte bei William die „Alexander-Technik," wie sie in der Werbung genannt wurde, wie ein Evangeliusm zu den Menschen tragen, Kurse durchführen und dadurch die auf diese Maltechnik maßgeschneiderten Produkte seiner Linie von „Magic"-Farbprodukten vor Ort verkaufen. Es existiert eine Fotografie aus dem Jahr 1982. William hatte im legendären Woodfield Shopping Center in Chicago einen seiner Auftritte. Zu Tausenden saß das Publikum um seine Bühne herum und William moderierte. Im Hintergrund auf der Bühne stand sein neu eingestellter „Instructor" Bob an der Staffelei und malte. Eine kleine Anekdote gibt es noch dazu. Als William von einer Assistentin aus seinem kleinen Warteraum geholt und zur Bühne gebracht wurde, da stürmten so viele, zumeist weibliche Fans auf ihn zu, das mehrere Polizisten ihn umringten und auf die Bühne bringen mussten. William fühlte sich wie ein Schwerverbrecher und scherzte dann mit dem Publikum: „Nein, nein, ich habe nichts verbrochen, ich habe wirklich nichts gestohlen."Das Publikum lachte, selbst die Polizisten, unfreiwillig in die Show integriert, konnten sich ein Schmunzeln nicht verkneifen. Ross wurde am Ende seiner Ausbildung gezielt im Hauptsitz von Sid Knudsens Firma in Salem (Oregon) auf die zukünftige Arbeit vorbereitet. Dann endlich konnte er als des „Happy Painter's Instructor" loslegen. Das Leben eines reisenden Kunstlehrers war alles andere als einfach. Etwa acht Monate im Jahr war er mit seinem Gepäck unterwegs. Bevor er in eine Stadt kam wurden dann in den Zeitungen Anzeigen geschaltet, und er tauchte dann zu einem bestimmten Termin in einem billigen Hotel-Ballsaal auf, in einem Bürgerzentrum, einer Kirche oder auch in einem der unzähligen Tante-Emma-Lädchen. Dort richtete er dann seinen Arbeitsplatz ein und kassierte die Kursgebühr, die zwischen 20-30 Dollar pro Person lag, verkaufte seine Malutensilien und gab dann den Workshop. Manchmal blieb er einen Tag und zog weiter, manchmal wurden längere Kurse angeboten. Ross beherrschte schon lange die Grundlagen der „Alexander-Technik," aber jetzt war es an der Zeit, auch die Präsentation zu beherrschen. William erwartete, dass sein Meisterschüler die gleichen Sprüche wie er verwenden solle, und zwar ebenso dynamisch und enthusiastisch wie er selbst. Regelmäßig benutze William in seinen Shows Begriffe wie: „Lustige kleine Bäume" oder "glückliche kleine Dinge." Auch der Begriff „allmächtig" wurde permanent und in allen Variationen benutzt, und das Publikum mochte es. So sprach er vom „allmächtigen Malmesser" ebenso wie vom „allmächtigen Künstler" oder „allmächtigen Bildern." Am Bekanntesten war aber wohl sein Spruch: „Fire in!" Dabei ballte er die Faust und man spürte, dass William mehr Energie als die Sonne zu haben schien. Sein Schüler übernahm zwar die meisten „glücklichen" Sprüche, doch trat er mit sanfter und leiser Stimme auf. Ein Journalist nannte es einmal: „Ermutigung durch schnurrende Selbstbestätigung." Das agressive „Fire in" ließ er weg, dafür aber generierte er ein anderes Wortspiel. Ross nannte sich, in

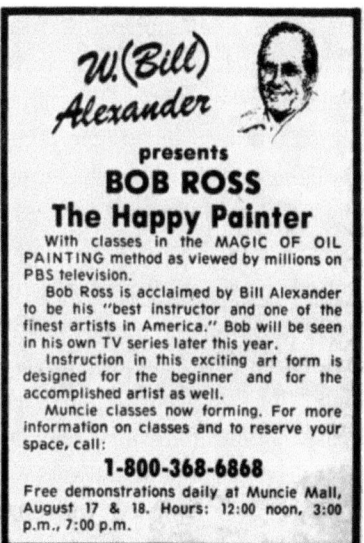

Während in der oberen Anzeige, wohl aus dem Jahr 1982, Bob Ross noch als „The Happy Painter's Instructor" angekündigt wurde, wird er 1984 als „The Happy Painter" präsentiert (Foto rechts).

Anspielung auf den „Happy Painter," gerne „The Happy Alaskan." Dieser Spitzname setzte sich zunächst durch, so ab 1984 aber hatte er den Spitznamen „Happy Painter" übernommen, wie Zeitungsanzeigen belegen. Zunächst ging er in seiner Rolle absolut auf, in einem seiner Malbücher schrieb Ross später diese Widmung an seinen Lehrmeister: „In einer Zeit, in der es heißt, dass es keine Helden gibt, fühle ich mich sehr glücklich, von einem Giganten auf dem Gebiet der Kunst inspiriert und beeinflusst worden zu sein – Bill Alexander. Er war mein Mentor und Freund und war so maßgeblich an all dem beteiligt, was ich erreicht habe." Die Lage änderte sich dramatisch, als in einem der Malkurse Annette Kowalski erschien. Ihr Sohn verstarb ein Jahr zuvor, und Ross inspirierte sie irgendwie. Sie lernten sich kennen und sie riet ihm, er solle sich doch selbständig machen. Ihr Mann und sie würden ihn dabei tatkräftig unterstützen. Dabei war angedacht, das Konzept von William im Grunde genommen zu übernehmen. Unterricht und Workshops vor zahlenden Schülern kombiniert mit dem Verkauf von allerlei Malartikeln.

Die Ehepaare Kowalski und Ross gründeten im Jahr 1985 eine gemeinsame Firma. Jeder der vier Teilhaber hielt dabei 25% des Unternehmens, und um Geld zu sparen, zog die Familie Ross in der Anfangszeit sogar bei den Kowalskis ein. Sein Sohn Steve berichtete später, dass sein Vater sogar zeitweilig eine Beziehung mit Annette hatte.[44] Die Geschäftspartner sahen ihre Zukunft ebenfalls im Fernsehen, um so mehr Kunden zu generieren. „Ross hatte begonnen, seine eigenen Nass-in-Nass-Unterrichtsstunden zu geben, und eine Kohorte von Studenten und PBS-Führungskräften wurde darauf aufmerksam. Seine Herangehensweise an die Malerei war die gleiche wie die Alexanders, aber sein Temperament war anders. Statt aufgeregt war Ross faszinierend ruhig und hatte eine sanfte, beschwingte Stimme. Auch sein Blick war vertraut und zugänglich; Er trug abgetragene Jeans, Flanellhemden und einen Rock, der an die Hippie-Kultur der 1970er Jahre erinnerte. Die Leute liebten ihn nicht nur wegen seiner geschickten Malfähigkeiten, sondern auch wegen seiner Fähigkeit, sie zu beruhigen. 1983 hatte PBS Alexanders Show durch „The Joy of Painting" ersetzt, moderiert von Ross."[45] Gedreht wurde in der Küche eines Privathauses, die schwarz abgehängt wurde. In knapp 30 Minuten malte er vor laufender Kamera eine komplette Landschaft. Auch ließ sich PBS ließ eine ganz besondere Werbung für „The Joy of Painting" einfallen. Am 21.09.1982 wurde ein TV-Spot ausgestrahlt, der William Alexander und Ross nebeneinander zeigt. William überreicht seinen Pinsel, quasi wie eine Fackel, an ihn.[46] „Ich übergebe meinen mächtigen Pinsel an einen mächtigen Mann, und das ist Bob Ross," rief Alexander aus. „Vielen Dank, Bill," antwortete Ross mit typischer Ruhe. Direkt in der ersten Staffel sagte Ross über seinen Lehrer William: „Es hat mich fast wütend gemacht, als ich Alexander zum ersten Mal im Fernsehen gesehen habe, dass er in wenigen Minuten erledigen konnte, wofür ich Tage gebraucht habe." In der ersten Folge der zweiten Staffel von „The Joy of Painting" würdigte Ross dann noch einmal Alexander mit den Worten: „Vor Jahren hat Bill mir diese fantastische Technik beigebracht, und ich habe das Gefühl, als hätte er mir ein kostbares Geschenk gemacht." Ich möchte dieses Geschenk gerne mit Ihnen teilen."[47] Ein lokaler Sender im PBS-Verbund produzierte fortan „The Joy of Painting." Von 1983 bis 1994 wurden insgesamt 31 Staffeln mit je 13 folgen gedreht. Im Schnitt waren es drei Staffeln im Jahr. Während William Alexander in Nordamerika ein Millionenpublikum erreichte, und seine „Alexander-Maltechnik" präsentieren konnte, war es Bob Ross, der diese Maltechnik einem Publikum rund um den Globus zeigte. Seine Sendereihe wurde in rund 30 Ländern weltweit ausgestrahlt. Millionen Menschen wurden und werden noch heute durch seine Folgen inspiriert und zum Malen mit der „Alexander-Maltechnik" angeregt. Die New York Times schrieb in einem Artikel am 22. Dezember 1991 auf Seite 33: „So beliebt die Fernsehshow auch sein mag, sie ist der kleinste Fleck auf der Leinwand von Mr. Ross' in Orlando ansässigem Imperium, einer 15-Millionen-Dollar-Industrie von Ratgebern, Videos und vor allem Bob Ross-Künstlerbedarf. Es gibt mehr als 300 zertifizierte Bob-Ross-Instruktoren (sein Sohn Steven, 24, ist einer) und mehr als eine Million Amateur-Bob-Ross-Maler, die alle bemerkenswert ähnliche Landschaften mit schneebedeckten Bergen, schimmernden Seen und windgepeitschten Bäumen schaffen, Kunstwerke mit Titeln wie „Autumn Fantasy," „Southwest Serenity" und „Waterfall Wonder." Im Laufe der Jahre kühlte die Beziehung zwischen den vier Geschäftspartnern jedoch drastisch ab. Ross legte Wert auf beste Qualität von Farben und Pinseln, die Kowalskis auf Umsatz, worunter Ross zunehmend litt. Sein alter Freund und Künstlerkollege John Thamm[48] sagte in einem Interview später dazu: „Ich frage mich manchmal, wie alles gelaufen wäre, wenn er sich nicht mit Annette und Walt Kowalski eingelassen hätte. Vielleicht wäre es für ihn besser ausgegangen."

Indes wurde William im Jahr 1983 durch KOCE geehrt, indem sie seine Memoiren verlegten: „The Bill Alexander Story. An Autobiography by W. Alexander." Er widmete dieses Buch seiner Tochter Heidi, dann Christine, das war die Tochter von Anna Margarete aus einer früheren Beziehung und Stan. Stan(islav), das ist der Geburtsname von Talore. Aber William verschwand nicht von der TV-Bühne. Er trat auch weiterhin in Malsendungen auf. Bereits 1982 liefen Folgen der Sendung „William Alexander - Magic Art Instructor" auf PBS, bei denen das gleiche Konzept fortgeführt wurde, wie bereits bei „The Magic of Oil Painting." Auch wurden sogar einstündige Malsendungen mit ihm produziert. Von 1984 bis 1992 war William unter Anderem in der Sendereihe „The Art of Bill Alexander and Robert Warren" auf PBS zu sehen. Dabei wechselten sich die Künstler in jeder Folge mit dem Malen ab. Auch wurden immer wieder neue Künstler William zur Seite gestellt, wobei dann der Name des neuen Künstlers im Titel erschien. Passend zur Serie wurden auch Begleitbücher erstellt. Auch die Beziehung zwischen William und seinem ehemaligen Schüler kühlte im Laufe der Zeit merklich ab, und es entstand eine eher konkurrenzgeprägte Beziehung, wie in einem Artikel zu lesen ist:[49] „Schließlich fand Mr. Ross einen Kunstlehrer in Kalifornien, der ihm genau zeigen konnte, wie man einen Baum malt, und zwar mit der schnellen, narrensicheren „Nass-in-Nass"-Methode. „Ich habe einen Kurs belegt und bin verrückt geworden," sagte er. „Ich wusste, dass es das war, was ich machen wollte." Herr Ross gründete schließlich seine eigene Wanderkunstschule in Florida. 1982 nahm sein Unternehmen Fahrt auf. Er weigerte sich, den Namen des Lehrers zu nennen, der ihn zuerst inspirierte, und erklärte etwas unbehaglich: „Jetzt ist er unser Hauptkonkurrent. Tatsächlich ist die Rivalität zwischen Mr. Ross und seinem ehemaligen Mentor William Alexander erbittert. Herr Alexander, 76, ..., der seine eigene Malshow in einem öffentlichen Fernsehsender in Orange County (Kalifornien) hat, hat außerdem ein Geschäft für Farbbedarf und eine Reihe von Büchern und Videos. Er sprach über seinen ehemaligen Schützling in den Tönen, die Thomas Couture verwendet hätte, um den jungen Schüler zu beschreiben, der ihn überholte, Edouard Manet. „Er hat mich verraten", sagte er (William Alexander) mit seinem starken deutschen Akzent. „Ich habe „nass in nass" erfunden. Ich habe ihn trainiert und er kopiert mich – was mich stört, ist nicht nur, dass er mich betrogen hat, sondern auch, dass er denkt, dass er es besser kann."[50]

Im Rahmen der Recherchen und der unzähligen Gespräche, die ich im Vorfeld führte, zeigte sich schnell, dass noch heute im Kreise derer, die sowohl Alexander als auch Ross kennen, noch immer sehr leidenschaftlich darüber diskutiert wird, wer denn der bedeutsamere Künstler von den beiden sei. Ich denke, diese Frage soll sich jeder selbst beantworten. Ross erlernte die „Alexander-Mattechnik" und verbreitete sie durch das Fernsehen rund um den Globus. Er konnte Landschaften malen, und wie wir bereits hörten, war er nicht gut in derPortraitmalerei. William Alexander hingegen war der Erfinder dieser Maltechnik. Auch verstand er sich bestens auf das Portraitieren und Erstellen von Stilleben aller Art, seine Schaffenspalette war ungleich komplexer, denke ich. Abschließend, das werden wir in Kürze noch erfahren, verstand er sich ebenfalls darauf, aufwendige politische Allegorien zu erstellen. Dafür benötigt der Künstler weit aus mehr als nur Farbverständnis oder Talent in der Bildkomposition. Hier werden inhaltlich anspruchsvolle Aussagen entwickelt und malerisch auf die Leinwand übertragen. Das ist zweifelsfrei eine ganz andere künstlerische Liga. Aufschlussreich zu diesem Thema ist auch folgende Passage in dem bereits erwähnten Artikel in der New York Times: ... „Herr Ross, der nach eigenen Angaben fast 30.000 Gemälde geschaffen hat (der produktive Picasso erreichte diesen Rekord nicht), verkauft seine Gemälde nicht und zeigt seine Werke nicht in Galerien; Er hatte nur eine Retrospektive - im Minnetrista Cultural Center in Muncie, einer Stadt, die sich rühmt, den

Künstler als Ehrensohn der Einheimischen zu bezeichnen. Herr Ross sagte, er habe keine Lust auf eine große Ausstellung. „Es gibt Tausende von sehr, sehr talentierten Künstlern, die nie bekannt sein werden, selbst wenn sie tot sind," sagte er. „Die meisten Maler wollen Anerkennung, vor allem von ihren Kollegen. Das habe ich schon vor langer Zeit mit dem Fernsehen erreicht. Mehr brauche ich nicht." Diese Ansicht wurde in New York City etwas säuerlicher widergespiegelt. „Die Leute wissen definitiv, wer er ist," sagte Kevin Lavin, 38, ein Maler, der sich abmüht. „Auf seine Weise ist er so berühmt wie Warhol," fügte er mit einem gequälten Blick hinzu. Mr. Lavin, der bei der Pearl Paint Company arbeitet, einem großen Geschäft für Künstlerbedarf im Stadtteil SoHo in Manhattan, zeigte auf die Auslage von Bob Ross-Artikeln in dem Laden und sagte spöttisch: „Das ist Bobs glückliche kleine Ecke." Die 3,56-Dollar-Tuben aus Preußischblau und Saftgrün, die alle mit Bob Ross' Namen und Konterfei geprägt waren, wurden in einem staubigen hinteren Teil aufbewahrt, in sicherer Entfernung von den glänzenden Reihen von Ölfarben und Zubehör, die von Stammgästen verwendet wurden. „Wir verstecken sie," sagte Herr Lavin über die Produkte von Bob Ross, „um nicht zu beleidigen." Herr Lavin suchte nach einer positiven Seite. „Ich nehme an, dass er in gewisser Weise viele Leute mitgebracht hat, die sich normalerweise nicht mit Kunst beschäftigen würden," sagte er vorsichtig. Aber ist es Kunst? „Es ist Tischlerei," sagte sein Kollege Keith Frank, ein Bildhauer. „Es ist formelhaft und gedankenlos, „Kunst als Therapie." Sie beschrieben den Bob-Ross-Stil als „Pizzeria-Kunst," Gemälde, die oft in Pizzerien aufgehängt wurden. Wie viele berühmte Künstler wird Mr. Ross von seinen Kollegen nicht ganz geliebt. „Ich bin entsetzt über den Kunstunterricht im Fernsehen," sagte Richard Pousette-Dart, ein Abstrakter Expressionist, der an der Students Art League in New York lehrt. „Es ist schrecklich, schlimm, schlecht, schlimm. Sie sind nur kommerzielle Ausbeuter, Nicht-Künstler, die andere Nicht-Künstler unterrichten." Er fügte hinzu: „Ich unterrichte keine Technik oder Methode, ich ermutige die Schüler, ihre eigene zu finden." Aber Mr. Ross hört nicht auf seine Kritiker und sagte, er habe kein Verlangen nach Akzeptanz in der zeitgenössischen Kunstwelt."

Ich möchte an dieser Stelle noch anmerken, dass sich keinerlei überprüfbare Belege dafür entdecken ließen, dass Ross tatsächlich 30.000 Werke in seinem Leben schuf, was ich aber auch nicht zwingend bezweifeln möchte. Als sicher gilt wohl zumindest, dass er jedes Motiv, dass er in seiner TV-Sendung malte, insgesamt dreimal erstellte. Ein Bild wurde vor der Sendng als Entwurf gemalt, dann folgte das Gemälde während der Sendung, und abschließend malte er noch einmal eine ausgearbeitetere Version für spätere Vermarktungen. Bei 403 Folgen käme man dann also auf 1209 dokumentierte Gemälde, die sich heute noch in den Lagerräumen der Firma befinden sollen.

Das Drama nimmt seinen Lauf

Bill und Anna Margarete lebten in Powell River im Einklang mit der Natur. Früh standen sie auf und kümmerten sich um all ihre Tiere. Die Hühner verlangten schließlich ihr Korn, die Fische im Teich wollten von William gefüttert werden, und ihr Hund Brandy scheuchte liebend gerne die Gänse am Teich umher. Wenn sich die Gänse aber zusammen taten, dann war es Brandy, der fliehen musste. Jedes Jahr zur Weihnachtszeit nahm Bill es sich vor, eine der Gänse auf den weihnachtlichen Esstisch zu bringen. Doch jedes Jahr, wenn es so weit war, da brachte er es am Ende nicht übers Herz. Und so wuchs die Gänsegemeinschaft stetig an. Eine andere Persönlichkeit, der wir uns noch widmen müssen, war der chinesische Hahn Napoleon. Er war schwarz und hatte rote Punkte, ein Prachtkerl, und er war der Chef im Hühnergehege. Er nahm seine Aufgabe sehr ernst, die Hühner vor allem Ungemach zu schützen. So auch an dem Tag, als ein Adler angriff. Heldenhaft warf er sich dem Räuber entgegen. Anna Margarete sah es vom Haus aus und rannte sofort rüber. Doch zu spät, der Adler flog gerade weg, und der treue Napoleon lag zusammengekrümmt am Boden, er hatte so manche Feder lassen müssen, vielleicht sogar am Ende auch sein Leben. Alle Hühner rannten aufgeregt hin und her, es war ein einziges Chaos, doch das Erstaunen war groß, als Margarete feststellte, dass kein einziges Huhn fehlte. Der treue Napoleon hatte den Adler tatsächlich vertrieben. Und auch dieser unerschrockene, zerrupfte Kerl rappelte sich nach einigen Minuten wieder auf. Er war ganz schön lädiert und brauchte ein paar Tage, bis er wieder fit war, auch hinkte er seit dem auf einem Bein. Aber er war der Held des Tages, und das Hinken machte ihn nur um so interessanter für die Hühner.

Regelmäßig fuhr Bill mit seinem kleinen Fischerboot aufs Meer raus zum Angeln. Anna Margarete hatte dann stets Angst um ihn, vor allem, wenn die Wellen etwas höher waren und sich ein Sturm anbahnte. Doch Bill lachte dann immer nur und sagte, dass er in der Regel die Fische fängt und sie aufisst. Sollte er aber einmal untergehen, dann würden die Fische eben ihn essen. Das sei doch mehr als nur fair. Irgendwann aber war ihm sein Boot zu klein geworden. Er wollte ein richtiges Fischerboot haben. Ein großes Boot, eine individuelle „Alexander-Anfertigung." Also schnappte er sich einen Zeichenblock und entwarf sein Traumboot. Vor Ort hatte Bill einige Kumpel, die ihm beim Bau helfen würden. Einer verstand sich auf Bootsbau, der Andere auf das Herstellen von Takelage. Der Nächste wiederum machte in Motoren und der Jüngste von allen, der arme Kerl, der musste schließlich die körperliche Arbeit verrichten. William war der Boss und lief immer geschäftig hin und her. Meistens jedoch hielt er nur die Anderen dann von der Arbeit ab, weil ihm wieder etwas Neues eingefallen war. Das neue Fischerboot wurde rund acht Meter lang, es sollte ein professionelles Fischerboot werden. Und er beantragte sogar eine offizielle Fischereilizenz. Der ganze Spaß kostete ihn wohl deutlich mehr als 15.000 Dollar am Ende. Doch die ganze Geschichte hatte wieder einmal einen Haken, denn bei der Planung lief etwas gewaltig schief. Dieses Boot war am Ende gänzlich seeuntauglich. Warscheinlich hätte schon die kleinste Welle das instabile Boot zum Kentern gebracht. Niemals ist William mit dem Boot, dass er „Magic" taufte, aufs offene Meer zum Angeln gefahren. Wiederholt versuchten sie zwar, das Boot noch irgendwie zu retten, doch irgendwann gestand er sich das Fiasko ein und verkaufte es an den ansässigen Metallhändler... zum aktuellen Kilo-Schrottpreis.[51] Anna Margarete war außer sich, dass er schon wieder ein Vermögen versenkt hatte, doch Bill lächelt nur milde und meinte:" Es war glücklich verdientes Geld, das kann man auch glücklich ausgeben, niemand hat einen Schaden davon getragen." Wenn er also nicht beim Angeln oder in seinem Atelier zum Malen war, dann reparierte er irgendwelche Zäune, den Schornstein oder schleppte mal wieder einen toten Holzstamm aus dem Wald heran, an dem er mal eines Tages herumschnitzen wollte. Auch reisten sie viel durchs Land. Bill liebte diese „Roadtrips," wo man einfach der Nase lang fuhr und anhielt wo es einem gerade gefiel. Und wann immer er einen idyllischen Fluss oder See entdeckte, dann wurden erst einmal die Angeln rausgeholt. Anna Margarete kannte es zur Genüge und setzte sich mit einem Buch und einer Zigarette unter einen Baum. So wurden sie älter, und bei William schlichen sich langsam erste Auffälligkeiten ein. So kam es immer öfter vor, dass seine Konzentration nachließ, und er zunehmend leicht durch alles Mögliche abgelenkt wurde. Mehrmals passierte es, dass er mit Anna Margarete in das Shopping Center fuhr, und während sie in die Lebensmittelabteilung ging, da schlenderte William mal in diese mal in jene Abteilung. Er war wie ein Schmetterling, der von Blume zu Blume flog. Und wenn er sich dann in der Werkzeugabteilung eine Packung Nägel aussuchte, dann fiel ihm plötzlich ein, er würde ja auch noch Balken brauchen. Also fuhr er dann vom Shopping Center direkt zum Holzhandel, kaufte Balken und Bretter, und brachte diese dann sofort nach Hause, ohne dass ihm auffiel, dass er seine Lebensgefährtin im Shopping Center vergaß. Wiederholt musste sie dann vollbepackt mit einem Taxi nach Hause fahren. So etwas und Ähnliches mehr kam immer öfter vor, und erste kleine Risse taten sich in ihrer Beziehung auf. In einer seiner TV-Sendungen des Jahres 1991 schilderte Bill einen ähnlichen Zwischenfall in einem Shopping Center. Wann immer ihm dort zufrieden pfeifende Menschen entgegen kommen, dann wird er neugierig und folgt ihnen. Nur um zu sehen, was das für ein Mensch ist, vielleicht auch, um mit ihm ins Gespräch zu kommen. Das war Bill.

Die nun folgenden Ereignisse bis zu seinem Tod überschlagen sich zum Teil und lassen sich nicht mehr bis ins kleinste Detail ergründen, auch was die chronologische Abfolge betrifft. Besonders deshalb, weil Bill und Anna Margarete über vieles nicht mit der Familie sprachen. Anfang der 1990er entschlossen sich jedenfalls beide, ihr Paradies in Powell River wieder zu verlassen. Vielleicht war es dem Alter geschuldet, denn bei einem ärztlichen Notfall konnte man dort nicht mit schneller Hilfe rechnen, und William wurde älter. Vielleicht wurde Anna Margarete aber auch die tägliche Arbeit dort einfach zu viel, oder war es ihr am Ende einfach nur zu einsam? Jedenfalls verkauften sie alles, und es zog sie zunächst in einen Ort namens Nanaimo.[52] Margaretes Tochter Christine wohnte dort mit ihrem Ehemann Bert. Zunächst bezogen beide ein Stadthaus in der Stewart Avenue, ein geräumiges Haus, jedoch musste erst noch ein Atelier gebaut werden. William gefiel das Haus nicht, denn der Ausblick war für den Naturliebhaber einfach nur ernüchternd. Lediglich von einem einzigen Fenster aus sah man ein klein wenig Wasser in der Ferne. Und so zogen die beiden ganz schnell wieder aus. Dieses Mal führte es sie in die Nähe der Hammond Bay Road. Die Aussicht dort war ein wenig besser, der Seeblick erstreckte sich nun schon immerhin über zwei Fenster, doch auch hier musste erst ein Atelier eingerichtet werden. Und was William in jedem Fall fehlte, das war ein Garten. Anna Margarete hingegen fühlte sich dort sehr wohl. Sie genoss das Stadtleben und war oft mit ihrer Tochter zusammen. Aber Bill stapfte immer wieder unausgelastet und grummelnd durch das Haus. Hier gab es einfach nichts zu tun für ihn. Er hatte keine Werkstatt mehr, und es musste hier auch nichts repariert werden. Es gab hier weder kreative Projekte noch die kleinste Gartenarbeit. Nicht einmal ein Boot hatte er mehr, und ans Angeln war hier eh nicht zu denken. So fehlte ihm auch immer wieder die Lust zum Malen. Folglich war er dann zu tiefst gefrustet und unausgeglichen, man mag erahnen, dass die bisherigen leichten Risse in ihrer Beziehung sich wohl nun vertieften. In seinen letzten TV-Auftritten, das war im Jahr 1992, war er deutlich verändert. Wie gewohnt malte er an seiner Staffelei, doch es fehlt das Feurige, die Energie, die er früher immer ausstrahlte. Seine Mimik war wie versteinert, und seine Mundwinkel zeigten stur nach unten. Er plauderte zwar wie immer, doch ist alles gemächlicher und leiser geworden. Wiederholt begann er Sätze, die er dann abrupt beendete. Es wirkte so, als hätte er vergessen, was er eigentlich sagen wollte. Nur ab und an kam noch einmal ein energiegeladener Funke in ihm durch, ließ ihn kurz lächeln und erinnerte an die guten alten TV-Zeiten mit Bill. Sein Ziehsohn nahm natürlich die Veränderung von „Pop" war. Und nachdem er lange Jahre als Banker arbeitete, hatte er sich eine Auszeit genommen und sich mittlerweile als Immobilienmakler etabliert. So machte er Bill eines Tages einen Vorschlag. Die Immobilienpreise waren zu jener Zeit recht günstig, und es gab gerade ein schönes Haus direkt am See zu kaufen. Dort könnte er wieder ein Boot haben und auch Angeln. So zogen sie dann schon wieder um. Eine Zeit lang war es auch in Ordnung so, aber die Unruhe blieb in ihm und änderte sich erst, nachdem er einen neuen Entschluss getroffen hatte. Etwa 20 Kilometer von Port Alberni entfernt kaufte William eine 20 Hektar große Farm. Hier würde er noch einmal aufblühen wollen und ein Paradies erschaffen. Doch es kam alles ganz anders.

Die letzten großen Projekte, und Bills schlimmster Fehler

Bills Tatendrang kam auf der neu erworbenen Farm noch einmal zurück, allerlei Großprojekte schossen ihm durch den Kopf. So floss durch sein Land ein kleiner Flusslauf, und es gab auch bereits einen kleinen Fischteich auf dem riesigen Grundstück. Daraus ließe sich bestimmt etwas machen, dachte er. Zunächst aber riss er die alte Scheune ein, und ein neues Atelier sollte gebaut werden. Dann endlich widmete er sich mit größtem Elan dem kleinen Fluss und entwickelte eine weitere seiner kostspieligen Ideen, die am Ende zum Scheitern verurteilt war, und uns Außenstehende des gesamten Geschehens ein kleines Stück weit schmunzeln lässt, und Bill für uns so noch ein Stück liebenswerter und menschlich begreifbarer wird. Der Fluss, so kam es ihm in den Sinn, der könne ja einfach umgelenkt werden, und es sollte dann ein großer Forellenteich bei ihm entstehen. Also engagierte Bill einen Typen, der mit schwerem Gerät das Ausschachten übernehmen sollte. Bill vergaß jedoch, dass man eine derartige Flussumleitung ohne behördliche Genehmigung gar nicht durchführen durfte. An solche Dinge dachte er aber eigentlich nie. Nicht aus Bosheit oder so, sondern eher aus einer gewissen kindlichen Naivität heraus. Und den Typen mit dem schweren Gerät kratzte es eh nicht. Er würde so oder so sein Geld bekommen. Also vergrößerte er den kleinen Teich, stolze sechs Meter war das Loch am Ende tief, und sein Teichdurchmesser war durchaus ebenso respektabel. An dem einen Ende wurde dann ein Rücklauf zum Fluss gegraben, anschließend wurde vom neu geschaffenen Teich eine Verbindung zum bisherigen Flusslauf gezogen, und das Wasser wurde mit feierlicher Zeremonie und so manchem Bier zum neuen Forellenteich umgeleitet. Zunächst sah auch alles sehr gut aus und Bill setzte zahllose Forellen in den Teich ein. Damit sie nicht einfach wegschwammen, wurden von ihm Netze beim Zu- und Ablauf gespannt. Leider, leider hatte er nur etwas nicht bedacht. Der Flusslauf kam von einem höher gelegenen Nachbargrundstück zu ihm, und dieser Nachbar betrieb eine florierende Weidewirtschaft. Seine Rinderherde war beeindruckend groß, und die Fäkalien dieser Tiere sickerten seit Ewigkeiten von der Weide direkt in den kleinen und langsam fließenden Flusslauf hinein. Bislang wurde das einfach weggespült, doch nun floss alles in Williams Teich hinein und lagerte sich dort nach und nach ab. Auch war der Forellenteich mitten auf dem Grundstück, gänzlich ohne Büsche oder Bäume, die Schatten hätten spenden können. Eine große Elektropumpe sollte zunächst das Schlimmste verhüten und die sich abgelagerten Fäkalien aus dem Teich in den Fluss zurück pumpen. Doch das reichte nicht aus, und so heizte sich der Teich mehr und mehr auf. Im Sommer dann, der Forellenteich mutierte bereits zu einer übel riechenden Kloake, schwammen alle Fische nur noch mit dem Bauch nach oben. Hätte er doch nur die Netze entfernt, so hätten sich die Fische wenigstens noch retten können. Resigniert erklärte er somit sein Teichprojekt offiziel als gescheitert. Es waren wohl erneut um die 10.000 Dollar oder auch deutlich mehr, die er so in den Sand setzte, und auch hier sagte er wieder milde lächelnd: „Seht her, ich habe Euch einmal mehr gezeigt, wie man es nicht machen soll." Anna Margarete verdrehte nur kopfschüttelnd die Augen.

Doch dann geschah etwas, dass er sich danach niemals mehr verzieh. Was nun passieren sollte, damit hatte niemand gerechnet. Am Wenigsten wohl Bill. Bei seinen öffentlichen Auftritten war er ja schon immer ein Charmeur gewesen und flirtete regelmäßig mit seinen weiblichen Fans. Das wusste jeder, und damit hatte seine Partnerin auch kein Problem, das gehörte zum Geschäft. William war dabei zu jedem seiner weiblichen Fans gleichermaßen charmant. Zur Tochter ebenso wie zur Mutter oder ihrer Großmutter. Es lag halt auch in seinem Naturell. Dabei sei darauf hingewiesen, er hat sich nie zu etwas hinreißen lassen. Er war charmant, aber er war auch stets respektvoll und fing nie etwas mit einer seiner Bewunderinnen an. Gekonnt hätte er, denn seine weiblichen Fans waren mitunter sehr hartnäckig und wussten genau, was sie wollten. So mancher Liebesbrief an ihn sprach eine klare Sprache. Als er nun gerade mitten in seinem großen Farmprojekt steckte, da tauchte eines Tages eine junge und adrette Frau in seinem Leben auf. Da aber Bill und Margarete nie über das Folgende ausführlich sprachen, da weiß man leider nur, dass es wohl jemand aus seinem beruflichen Umfeld war. Es ging um Geschäfte, und, auch das ist zumindest noch bekannt, sie setzte ihre weiblichen Reize gekonnt ein. Wie viel echte Zuneigung zu Bill als Mensch, wie viel kalkulierter Geschäftssinn dahinter steckten, keiner weiß es, aber man mag es erahnen. Es gibt eine kleine Fotografie von beiden. Zum Einen sieht man dort sie, die junge Schönheit, schlank und überaus elegant. Sie wirkt auf dem Schnappschuss kokett und selbstbewusst. Sehr selbstbewusst. Daneben sieht man William. Er wirkt wie ein in die Jahre gekommener gemütlicher und gutmütiger Elefant neben ihr. Zunächst widerstand er auch noch ihren Avancen, doch irgendwann dann gab der alte Mann nach und ließ alles geschehen. Dieser Seitensprung flog schnell auf, es heißt, Anna Margarete hätte die beiden sogar zufällig inflagranti etappt. In diesem Augenblick zerbrach das neue Paradies! Es war sein letztes Paradies, es sollte auch kein Neues mehr geben. Die Folge war, dass Margarete sogleich die Beziehung zu William beendete und augenblicklich auszog. In Port Alberni bezog sie ein kleines Haus, während Bill weiterhin alleine draußen auf der großen Farm blieb. Um so dramatischer ist das Geschehene, wenn man an Williams Worte aus dem Jahr 1983 denkt, mit denen er einst seine Lebensgefährtin Anna Margarete beschrieb. Er sagte über sie: „Anna Margarete ist ein guter Freund, eine echte Perle und ein guter Kamerad. Sie ist nicht nur meine Frau, sie ist viel mehr. Sie kann alles was ich nicht kann. Sie hat

Köpfchen, sie kann (auf englisch) lesen und schreiben, was ich nicht perfekt kann. Und sie ist die ehrlichste Frau auf der Welt, sie würde niemals jemanden betrügen!" Es muss abgrundtief schmerzlich für ihn gewesen sein, einen so aufrichtig ehrlichen und reinen Menschen in dieser Weise verletzt zu haben. Bis zu seinem Tod machte er sich über diesen einen Augenblick der Schwäche bitterste Vorwürfe und nannte ihn den größten Fehler seines Lebens, den er nie verwunden hat. Das genaue Jahr lässt sich nicht präzise ermitteln, aber es ist naheliegend, dass das alles in dem zeitlichen Rahmen geschah, als er auch von der TV-Bühne verschwand, also rund um 1992.

Weitere Dramen waren bereits im Anrollen und bahnten sich unaufhaltsam ihren Weg. Bill war immer ein geselliger Typ gewesen und brauchte Menschen um sich herum. Gerne stand er im Mittelpunkt und wollte als netter Kerl wahrgenommen werden. Nun war er aber ganz alleine auf seiner großen Farm. Resignation, Einsamkeit und eine angeschlagene Gesundheit, all das wirkte stärker denn je auf ihn, doch war er stets zu stolz, um jemals darüber zu sprechen. Mit wem hätte er es auch können? Anna Margarete war gegangen und blockte jeden Kontakt ab, seine Tochter Heidi hatte ihr eigenes Leben, auch die Freunde in der neuen Umgebung waren rar. Christine, die Tochter von Anna Margarete, lebte zu weit entfernt, um mal eben zu kommen, auch war der Kontakt zu William nicht ganz so eng. Nur sein Ziehsohn blieb an seiner Seite und besuchte ihn regelmäßig. All die großen Pläne für seine Farm ließ er jetzt desinteressiert schleifen. Die halb abgerissene Scheune blieb wie ein Mahnmal stehen, nur das Atelier wurde noch fertig gestellt. William wurde mehr und mehr lethargisch, es war nicht mehr viel von dem einstigen „Happy Painter" übrig. Zudem achtete er immer weniger auf seine Gesundheit, aß nicht mehr so richtig, und die Einnahme aller notwendigen Tabletten ignorierte er sowieso kategorisch. Irgendwann dann erlitt er seinen ersten Schlaganfall. Zum Glück war er nicht so stark und William konnte sich nach und nach einigermaßen regenerieren. Eine direkte Folge des Schlaganfalls war allerdings, dass er nicht mehr so schwungvoll und energisch wie früher malen und agieren konnte, aber es ging noch irgendwie, getreu seinem Motto: „Gut genug genügt."

Über den eigenen Tellerrand geschaut – Bills „Meister-Serie"

In dieser Zeit dachte Bill über vieles nach. Über das Leben, über den Tod. Besonders aber auch über seine eigene Rolle als Künstler. War er selber ein guter Künstler? Würde man sich überhaupt in Zukunft noch an ihn erinnern? An ihn, den „Happy Painter," den gut gelaunten TV-Maler? Mehrmals dachte Bill wohl auch an den unangenehmen Augenblick, als ihm mal ein Typ beim öffentlichen Malen zuschaute und meinte, der würde ja wie Bob Ross malen. Natürlich nahm er wahr, dass sein ehemaliger Schüler weltweiten Ruhm errang, und das mit seiner Maltechnik, mit der von ihm entwickelten genialen „Alexander-Maltechnik." Diese Erfindung war sein Leben. Doch wer würde noch an ihn denken? Welches künstlerisches Vermächtnis würde er hinterlassen? Gab es überhaupt eines? Dutzendfach malte er ein und den selben Berg mit dem dazu gehörigen See davor. Auch wenn er jedes Mal diese Landschaft in einem gänzlich neuen Licht erstrahlen ließ, solche Serienbilder erstellte ja selbst Monet, reichte es aus am Ende, um sich an ihn zu erinnern? Er fürchtete wohl, dass es nicht so sein würde. Wenn sein Ziehsohn zu Besuch kam und ihn erneut rügte, dass er nicht gewissenhaft genug all seine Medikamente einnahm, dann sprachen sie auch immer wieder lange über dieses Thema. Einmal fragte Bill ihn dann direkt, wie sich die Welt wohl an ihn erinnern würde. Sein Ziehsohn überlegte eine Weile und meinte: „Du warst der glückliche TV-Maler, der ein sicheres und unumstrittenes Produkt lieferte. Punktgenau auf die Minute. Du hast der Welt beigebracht, in Öl zu malen, und Du hast das geniale „Magic White" erfunden - und dazu auch noch den diamantförmigen Spachtel. Aber es ist unwahrscheinlich, dass Du dadurch als großer Künstler in Erinnerung bleiben wirst. Kurz gesagt, Deine Bilder bewegen die Menschen emotional oder intellektuell nicht sonderlich. Sie sind einfach nur hübsch und lange Zeit wollten die Menschen auch genau solche Bilder haben. Doch heute mag man andere Bilder, außerdem handelt es sich bei Deinen Bildern um Gemälde, die Deine eigenen Schüler jederzeit leicht reproduzieren könnten. Sind das am Ende wirkliche Meisterwerke?" Diese Worte mögen für uns brutal klingen, doch sein Ziehsohn wählte diese Worte nicht ohne Bedacht. Bill hatte schon Mitte der 1980er ausgiebig über das Thema „Meisterwerke" und „Meister-Serie" nachgedacht.[53] Meisterwerke, das waren Bilder außerhalb der Norm. Etwas Besonderes und Großartiges eben, und nicht jedem Künstler wird es vergönnt sein, überhaupt eines zu malen. Er fragte sich wiederholt, ob er es denn jemals schaffen würde, um als „Meister" in Erinnerung zu bleiben. Bis zu diesem Gespräch schaffte er es noch nicht. Als Bill seine Worte hörte, atmete er schwer, und nach einiger Zeit nickte er fast unmerklich. Er schien in diesem Augenblick weit entfernt zu sein. Immer wieder wiegte er den Kopf hin und her und brummte leise et-was. Nach einer Weile hakte sein Ziehsohn nach und fragte, warum er denn nie ein „wahrer Künstler" gewesen sei, der mit seinen Bildern Aussagen trifft. Warum immer nur Land-schaften und Stilleben, er hätte doch wesentlich vielfältiger in seiner Themenwahl sein können. Auch vom inhaltlichen Anspruch her. Er meinte: „Pop, Du hast so oft über Krieg und Macht gesprochen, über Gier und Geld und die daraus resultierenden Katastrophen für die Menschen. Ebenso über die Institution Kirche, die über die Menschen herrscht. Wa-rum hast Du diese Themen nie aufgegriffen und künstlerisch verarbeitet? Pop, warum hast Du immer wieder fast die gleichen Bilder gemalt? Dadurch, dass Du nie über den „Teller-rand" geschaut hast, könnte dieses Versäumnis tatsächlich einschränkend wirken, wie Du nach Deinem Tod als Künstler gesehen wirst." Bill hörte das natürlich gar nicht gerne und erwiderte darauf energisch, dass es zunächst einmal seine allererste Priorität sei, seinem Publikum das zu liefern, was es erwartete. Außerdem würden durch seine Arbeit sehr viele Menschen in seinem Umfeld ihren Lebensunterhalt bestreiten. Man darf nicht vergessen, dass Bill auch eine Vielzahl von Schülern hatte, die selbst Lehrer wurden und viele Weitere es noch werden wollten. Er könne nicht alles abbrechen, denn er sah eine Verantwortung gegenüber seinen Schülern. Abschließend ergänzte er, dass er sehr glücklich sei mit dem, was er tat, nämlich andere glücklich zu machen und seinen Lebensunterhalt mit dem zu verdienen, womit er selbst sehr glücklich war. Eine Zeit lang sagte Bill nichts mehr und schien über all das Gesagte erneut nachzudenken. Dann schaute er zu seinem Ziehson und sagte wesentlich leiser: „So sehr ich auch malen möchte, was ich auf der dunklen Seite sehe, ich kann im Moment nichts Gutes daraus machen. Aber wenn ich es tue, dann wirst du der erste sein, Sandy." Insgeheim wusste Bill natürlich, dass sein Ziehsohn Recht hatte. Jahr-zehnte lang predigte er immer und immr wieder, dass seine Schüler „allmächtige Schöpfer auf der Leinwand sein sollten." Doch er selbst reduzierte sich auf das, was er immer tat. Es war längst überfällig, dass auch er wieder über den eigenen Tellerrand schauen müsste.

Ein paar Monate strichen ins Land, in denen Talore regelmäßig bei Bill vorbei schaute, so wie es Kinder bei ihren älter werdenden Eltern halt tun. Über ihr kürzliches Gespräch verloren sie kein einziges Wort mehr, und Bill hatte sich gesundheitlich zum Glück eini-germaßen stabilisiert. Wohl aber sprachen sie immer wieder über große und bedeutsame Künstler im Allgemeinen, oder auch über diejenigen, die sie nicht so wirklich mochten. Also, William zumindest tat das. Sein Ziehsohn war ja Banker und Makler, und mit der Kunst hatte er es nie so recht. Bei ihm hingen ein paar Bilder von William, aber das reichte ihm dann auch. Wenn er dann aber mal einen Namen raus haute, den er so richtig gut fand, dann rümpfte Bill so manches mal die Nase und tat so, als hätte er es lieber nicht gehört. Picasso[54)] war so einer dieser Kandidaten, den er gar nicht mochte. Überhaupt war moderne Kunst[55)] nichts nach seinem Geschmack. Wenn er in einer Galerie ein Gemälde sah, auf dem dann bevorzugt nur ein Klecks zu sehen war, dann fragte er immer, was er denn dort eigentlich sehen würde. Ist es ein Baum? Oder ein Schuh? Vielleicht ein Bär? Wenn er in Stimmung war, holte er grinsend gerne noch etwas weiter aus: „Wenn ich den ganzen Tag unterwegs bin und arbeite und Entscheidungen treffen muss, Probleme löse, dann will ich doch abends nicht zu Hause vor einem Bild sitzen, und mir dauernd die Frage stellen müssen, was ich denn da überhaupt sehe. Ich weiß ja nicht einmal, ob es etwas Fröhliches ist, was da abgebildet ist, oder ist es etwas Trauriges?" Nein, mit moderner Kunst stand er grundsätzlich auf dem Kriegsfuß. Immer wieder fragten ihn auch Kunden, ob er Ihnen nicht mal etwas Modernes malen würde. William lehnte das stets kategorisch ab. Schmunzelnd erzählte er dann auch die Geschichte von der TV-Show, die er einmal sah. Der Moderator präsentierte ein modernes Bild auf einer Staffelei. Darauf waren Striche und kleine Kleckse. Er sprach eine Dame an, ob sie erkennen würde, was das Bild zeigt und fragte, ob sie sehen würde, dass dort ein Meer dargestellt wurde. Die Dame bestätigte es. Und ob sie denn auch die kleinen Boote erkennen würde. Auch da nickte die Dame. Dann grinste der Moderator sie süffisant an und sagte: „Oh, Entschuldigung, mein Fehler. Das Bild steht ja verkehrt herum auf der Staffelei." Nach dem Umdrehen fragte er dann erneut, ob die Dame das Meer und die Boote sehen würde. William winkte dann ab und meinte, die Leute würden einfach nur das auf dem Bild sehen, was man ihnen eintrichtern würde. Einen Maler, den er hingegen absolut bewunderte, das war der US-Amerikaner Charles M. Russell.[56)] Der lebte im 19. Jahrhundert und war zugleich Maler, Bildhauer, Grafiker, Schriftsteller und dazu sogar auch noch ein waschechter Cowboy. Russell malte beeindruckende Gemälde, auf denen er die Menschen und die Natur Nordamerikas darstellte. Er erstellte unzählige Bilder über das Leben der Siedler und Ureinwohner und zeigte, wie sie ihren Alltag bestritten, Vieh trieben oder auf der Jagd waren. Seine Gemälde waren ein Feuerwerk an Farben, Licht und Schatten. Und dabei waren sie so unendlich detailliert. William liebte diese Gemälde. In jeder Kneipe in ganz Montana, so schrieb Bill einmal amüsiert, hängt mindestens ein Bild von Charles M. Russell, der auch früher immer wieder seine Gemälde gegen ein paar Bier im Saloon tauschte. „Mann," so sinnierte Bill, „was muss Russell in seinem Leben für eine Menge Bier getrunken haben."

In der darauf folgenden Zeit hörte er nur noch sehr wenig von Pop. Meist hatte er keine Zeit und war auch am Telefon nur ganz kurz angebunden. „Er hätte zu tun," hieß es dann immer. Den jungen Familienvater freute es im Grunde genommen, er hatte ja in seinem eigenen Leben auch so schon genug zu tun. Eines Tages dann rief Bill jedoch vollkommen aufgeregt bei ihm an, und er schrie regelrecht ins Telefon, dass er sofort kommen müsse. Auf der Stelle! Dieser ließ alles stehen und liegen, denn wenn Pop so überraschend anrief, dann musste etwas ganz Schlimmes geschehen sein. 20 Minuten und eine rote überfahrene Ampel später, erreichte er die Farm. Bill zerrte ihn regelrecht aus dem Wagen und stieß ihn förmlich direkt in sein Atelier: „Sieh, Sandy, was ich in den letzten Monaten insgeheim geschaffen habe." Bill war aufgeregt und stolz zugleich. Er bebte innerlich vor Freude und es wirkte, als hätte er all seine verlorene Kraft zurück. Aufgeregt wie ein kleiner Junge war er. Nebeneinander standen vor den beiden Männern vier große Leinwände. Zwei Gemälde waren bereits vollendet, zwei befanden sich noch in Arbeit. Diese Bilder waren so ganz anders als all das, was Bill jemals gemalt hatte. In ganz Nordamerika und Kanada hingen Bilder von William an der Wand oder lagen auf dem Dachboden im Dornröschenschlaf. Aber so etwas wie das hier hatte noch keiner von William gesehen. Da waren sich beide einig. Das hier waren keine schönen Landschaften, das hier war etwas ganz Neues! Etwas Besonderes. Aber auch etwas Erschreckendes! Tatsächlich hatte sich Bill in den letzten Monaten daran gesetzt, dass zu malen, was er auf der dunklen Seite sah. Er zog seinen Ziehsohn beiseite und sagte ihm, dass er der Einzige sei, der von diesen Gemälden bislang wüsste. Und tatsächlich hatte der alternde William Alexander es trotz seiner Erkrankung geschafft, künstlerisch über den eigenen Tellerrand zu schauen. Er wollte ja immer, das die Menschen über sich hinaus wachsen und Neues wagen. Nun endlich hatte auch er den sicheren Hafen seiner Profession verlassen. Er stieß auf Neuland, in dem er sich zurechtfinden und neu ausdrücken musste. Er hatte komplexe Themen in seinen Bildern angesprochen und suchte nach symbolischen Ausdrucksformen, die er auch fand. Hätte er das hier doch nur eher und konsequenter getan, die Welt würde ihn heute wohl in anderer Erinnerung haben. Pop und Sandy schauten lange auf die Serie, und Sandy war stolz. Zum Einen auf das, was Pop geschaffen hatte, aber auch ein kleines Stück weit auf sich selber, denn er war es ja, der ihn hierzu motivierte. Und auch William war stolz. Er hatte es erfolgreich geschafft, neue Ufer zu erreichen. Er hatte es sich und Sandy bewiesen, das machte ihn innerlich zufrieden. Aber beide waren sich auch vollkommen einig, dass das keine Bilder waren, die sich der typische Kunde von Bill ins Wohnzimmer hätte hängen wollen. Nach und nach zeigte William dann seinem engsten Umfeld, Kollegen und Freunden, seine neue Serie. Die Reaktionen darauf waren gespaltener Natur. Zum Zeitpunkt ihrer Entstehung empfanden die meisten sie als unsympathisch. Sie antworteten nicht oder reagierten ausweichend. Manche fanden sie aber auch äußerst ausdrucksstark, aber nur wenige. Die Entmutigung war groß und viele rieten ihm eindringlich, sie nicht öffentlich auszustellen. Der Grund dafür mag gleichwohl darin liegen, dass diese abratenden Leute vom Verkauf seiner gewohnten Kunst oder der angebotenen Kurse lebten. Wer hätte wissen können, wie eine solche Neuausrichtung sich auswirken würde? Zu Lebzeiten wurden sie niemals öffentlich ausgestellt. Das war auch in Ordnung für ihn, er hatte ja bewiesen, was er konnte. Seinem

Ziehsohn aber sagte er: „Wenn Du diese Bilder jemals veröffentlichen solltest, dann sorge dafür, dass sie in dem Licht präsentiert werden, in dem sie beabsichtigt sind. Das heißt, dass Krieg die Hölle ist, besonders für diejenigen, die ihm direkt ausgesetzt sind. Er ist aber auch kein Zuckerschlecken für die nur indirekt betroffenen Familien." Bill liebte den Frieden und die Ruhe der Natur. Doch die Realität der Menschheit in ihrer schlimmsten Form ist ihm nie entgangen. Wenn Bill sich also von der Masse abheben wollte, möchte ich sagen, dass er einen ziemlich guten Job gemacht hat, um die Welt wissen zu lassen, dass er ein ernsthafter Künstler sein konnte. Er hat sich am Ende aber einfach nur entschieden, es nicht sein zu wollen! Die Verschlechterung von Williams Gesundheitszustand und sein Tod sind der Grund dafür, dass zwei der Gemälde unvollendet blieben. Kürzlich zeigte ich einem bekannten Kuratoren einer großen Galerie die Fotos der „Meister-Serie." Zunächst war ich erstaunt, dass der Kurator überhaupt William Alexander kannte, was mich natürlich sehr freute. Darüber hinaus zeigte er sich aber auch erstaunt darüber, dass William politische Allegorien[57] malte, und er sich in solch symbolischer Komplexität malerisch ausdrücken konnte. Die Bilder befinden sich bis zum heutigen Tag im Familienbesitz.

Die Bildsprache seiner vollendeten Bilder erinnert durchaus an die kapitalismuskritische Bildwelt der 1920er bis 1930er. Auch fallen einem bekannte Namen ein wie George Grosz,[58] den frühen Emil Nolde mit seinen Berggesichtern,[59] Siqueros[60] und Orozco,[61] sowie den mexikanischen Maler Rivera.[62] Das erste Gemälde (Foto rechts) prangert primär den Krieg an. Im Vordergrund des rot, gelb und violett gehaltenen Bildes ist der blutrote Fluss, an dessen Ufern sich verkrümmte Leichname und Sterbende befinden. Mensch und Tier, sie alle verenden, und aus ihren

Vollendetes und signiertes Gemälde aus der „Meister-Serie" von William „Bill" Alexander
Foto: Privatsammlung

Körpern entweicht das Blut in den Fluss hinein. Ein Panzer schickt sich an, Mensch und Tier zu überrollen. Im Vordergrund rechts, direkt am Ufer, befinden sich zwei Geistliche verschiedener Glaubensrichtungen. Ihre Kopfbedeckungen leuchten, gerade so, als wären sie selbst erleuchtet, was Anführer von Glaubensgemeinschaften ja gerne ins Feld führen, um ihre Anhänger zu kontrollieren. Die Beiden waschen ihre Hände seelenruhig im Blut des Flusses. Immer wieder äußerte William sich überaus kritisch in seiner TV-Show, aber auch in seiner Autobiografie, im Bezug auf die Rolle der Kirche und anderer Religionsgemeinschaften. Er vertrat die Meinung, dass sich niemand vor Gott klein machen sollte, und Gott das auch gar nicht wollte. Der Mensch steht direkt neben Gott, so formulierte er es. Und man solle sich schon gar nicht vor den kirchlichen Führern klein machen. Ausdrücklich nannte er wiederholt präzise einige Religionsführer in diesem Zusammenhang.[63] Auffällig auf dem Gemälde ist noch, dass weit im Hintergrund, zwischen den Wolken, ein Kopf zu sehen ist. Die Ikonografie scheint deutlich zu sein. Dieser Kopf repräsentiert den Kapitalisten mit dicker Zigarre und Dollarzeichen auf der Sonnenbrille. Er ist kalt, gefühllos und machtbewusst. Kapitalismus und Krieg, das ist eng miteinander verwoben. Früher wie auch heute. Zentral über all dem Leid, den Kämpfenden und Sterbenden, fliegt ein Wesen aus Feuer über das Szenario. Es scheint gehörnt zu sein, oder sind es nur zufällige Flammen, die aus dem Wesen empor schießen? In jedem Fall lacht es und freut sich wohl über die reiche Ernte des Schnitters. Dem gegenüber, direkt im Felsmassiv, entdeckt der Betrachter einen weiteren Kopf. Er erscheint als Teil der Natur, weinend, die Situation hilflos ertragend, steht er wohl stellvertretend für den emphatischen Menschen, der in Frieden leben will. Eigenverantwortlich, und nicht als hilfloser Spielball der Mächtigen dienend - oder benutzt.

Das zweite vollendete und signierte Gemälde aus William Alexanders „Meister-Serie"
Foto: Privatsammlung

Das zweite Gemälde, im gleichen Format, (Foto links) fokussiert sich offensichtlich auf den kapitalistischen Kriegsgewinnler, nach dess Pfeife die Welt zu tanzen hat. Fett, feist, unnachgiebig und die Welt fest umklammernd, so stellt der Künstler ihn hier dar. Es besteht kein Zweifel, wer die Macht auf dem Planeten hat. In seiner Hand stapelt sich bereits das Geld, Blutgeld sicherlich, auf dem nordamerikanischen Kontinent hingegen die Raketen. Links hinter dem Kapitalisten, umzingelt von mächtigen Kanonenrohren, Geschossen und allerlei Satelittenschüsseln, ein archaisch wirkender Krieger zu Pferde. Sich aufbäumend, eine Kopfbedeckung mit Hörnern tragend, bewaffnet nur mit einem simplen Säbel. Viel wird er nicht ausrichten können dort. Auf der rechten Seite, ebenfalls in den Hintergrund gedrängt, ein aus den Wolken schauender Kopf eines Ureinwohners dieses Kontinents. Friedlich und freundlich wirkt er, absolut in sich ruhend. Doch schaut er auch sorgenvoll und gefasst in Richtung des Bildbetrachters. Dieser Kopf scheint ein Pendant zu dem Bergkopf des vorherigen Bildes zu sein. Doch wirkt er in diesem Arrangement auch fast wie eine Trophae, wie einer jener Schrumpfköpfe, die der

Sieger vom besiegten Feind erstellte, um ihn dann fortan an einem Band zu tragen. Doch sind das alles nur Sichtweisen eines Einzelnen. Vielleicht will uns William auch ganz Anderes mitteilen. Diese Bilder wurden bislang noch nicht inhaltlich analysiert, und William hat auch nichts zu ihrer Deutungsweise und Analys hinterlassen, so dass wir alle die spannende Chance besitzen, uns diesen Bildern und ihrem Symbol-Code individuell zu nähern. Widmen wir und nun den beiden verbliebenen Gemälden. Krankheit und Tod verhinderten ihre Vollendung, so dass vieles im Dunkeln bleiben wird. Aber wir entdecken auf ihnen auch einige Symboliken, die wir bereits auf den vollendeten Gemälden entdeckten.

Eines der beiden unvollendeten Gemälde aus der „Meister-Serie" von William „Bill" Alexander

Foto: Privatsammlung

Die zentrale Gestalt in diesem Bild ist ein auf einem Stuhl gefesselter hilfloser Mann, dessen Schädel geöffnet ist. Hinter ihm, zentral und mit einem Lichtschein umgeben, der an eine Aureole erinnern mag, steht ein religiöser Würdenträger. Seine Kopfbedeckung macht seine Religionszuordnung leicht. Mit beiden Händen greift er in den Schädel des wehrlosen Mannes hinein, dessen Gesicht dabei überaus schmerzverzerrt und verzweifelt ist. Mit seinen Beinen tritt er wild um sich, jedoch gibt es für ihn keine Befreiung. Zwei Helfer, deren Kapuzen an die Gewandungen von Mönchen erinnern, unterstützen diesen Geistlichen. Unmengen an Flüssigkeit tropft dabei aus dem geöffneten Schädel auf den blutroten Boden. Was stellt es dar? Symbolisiert es eine „Gehirnwäsche?" Der Helfer auf der linken Seite hält etwas in der Hand, es lässt sich aber nicht so eindeutig zuordnen, da es noch unvollendet ist. Möglicherweise ist es ein Gefäß mit qualmendem Weihrauch, dass dem Mann unter die Nase gehalten wird. Man könnte nun vordergründig die Symbolik so auslegen, dass hier Geistliche um das Seelenheil eines Ungläubigen ringen und einen Exorzismus ausführen, sie ihn vom falschen Glauben befreien wollen. Da uns aber die Ansichten des Künstlers mittlerweile recht geläufg sind, stellt die Szene sicherlich etwas ganz Anderes dar. Wir sehen hier, wie einem Menschen durch religiöse Würdenträger etwas ins Hirn eingepflanzt wird, was dieser gar nicht haben will. Hier findet eine Gehirnwäsche statt. Dieser Mensch mag für die Menschheit allgemein stehen, der man Angst und Aberglauben eintrichtern will, damit sie so eine höhere Macht und deren Elite akzeptieren, und sie sich ihnen unterordnen. Denn, wie wir wissen, nichts macht so fromm wie die Angst.

Auch in diesem unvollendeten Gemälde wird das Thema Religion, Selbst- und Fremdbestimmung erneut thematisiert. Links im Vordergrund steht die Gruppe derer, die selbstbestimmt agiert. Frei von Aberglauben und fremder Dominanz. Sie thronen auf einem naturalistisch gemalten Bergmassiv. Die Landschaft hinter ihnen zeigt Wälder und einen im Hintergrund verschwindenden Fluss, der eine starke räumliche Tiefe erzeugt. Der linke Hintergrundbereich ist in grünen Tönen gehalten - aber noch unvollendet. Unter ihnen

Das zweite unvollendete Gemälde aus William „Bill" Alexanders „Meister-Serie"

Foto: Privatsammlung

wabert der Nebel empor, was diese Gruppe auf der Bergspitze noch einmal erhöht. Eine mit Speer ausgestattete Person, sie strahlt zugleich Stärke als auch Weisheit aus, zeigt mit ausgestrecktem Arm zu der rechts dargestellten Gruppe, die deutlich unter ihnen dargestellt ist. Der gesamte rechte Bereich wird durch lodernde rote, gelbe und violette Farbtöne dominiert. Ein Gruppe von Personen kauert rechts unten auf dem Boden, über ihnen steht eine angsteinflößende feurige Figur, die an das fliegende Wesen des ersten Gemäldes erinnert. Auch erinnert dieses gehörnte Wesen unwillkürlich an die im 13. Jahrhundert gemalten Höllenfiguren des aus Florenz stammenden Malers Buonamico Buffalmacco.[64] Überall lodert und qualmt es. Dieses Feuerwesen scheint zu versuchen, der Gruppe auf dem Berg ebenfalls Angst einjagen zu wollen. Und während sich die linke Bildeite dem Betrachter als harmonisch und friedfertig darstellt, so ist der rechte Bereich als angsteinflößend einzustufen. In der Mitte, zwischen diesen beiden so unterschiedlichen Gruppen, schwebt eine Wolke. Auf ihr befindet sich eine Gruppe religiöser Würdenträger. Auch hier entdecken wir alte Bekannte vom ersten Gemälde. Die beiden Würdenträger, die dort ihre Hände in dem Blutfluss wuschen, die sitzen auch hier zentral zusammen, hofiert von den sie Umgebenen. An Hand der Kopfbedeckungen lassen sich die Religionsgruppen leicht zuordnen. Gebannt blicken die Geistlichen zu der linken Gruppe herauf. Es wirkt so, als wollten sie schauen, ob das Feuerwesen, diese Personifizierung von Angst und Aberglaube, der Gruppe etwas anhaben kann. Hinter der Wolke mit den Geistlichen, ganz am oberen Bildrand, erscheint erneut ein Kopf, der sich harmonisch mit den Bergen verbindet. Dieser Kopf überragt alle Gruppen. Doch wofür steht er? Anders als der weinende Kopf wirkt dieser hier erhaben und wissend, Kraft spendend. Ist es vielleicht die Personifizierung der Natur? Oder doch das Sinnbild für den menschlichen Verstand, der den Aberglauben durchschaut?

Die letzten Jahre

Eines Tages dann erlitt William einen zweiten Schlaganfall. Viel schlimmer als beim ersten Mal. So schlimm, dass er nicht mehr alleine auf der Farm leben konnte. William benötigte fortan umfassende Betreuung. Er war nicht einmal mehr in der Lage, seine Malerei fort zu führen, geschweige denn, die Dinge des Alltags alleine zu meistern. Talore erinnerte sich, dass er Pop niemals so unsicher in seinem Leben sah wie zu jener Zeit. Es musste eine Lösung gefunden werden, und so setzte sich sein Ziehsohn dafür ein, dass es zu einer Versöhnung mit Anna Margarete käme. Die Farm wurde eiligst verkauft und ein freies Haus in Port Alberni erstanden. Bill ließ als Erstes ein Atelier neben dem Haus errichten. Seine Bemühungen, erneut zu malen und dabei irgendein wünschenswertes Ergebnis zu erzielen, erwiesen sich allerdings als erfolglos. Schließlich konnte oder wollte Bill in diesem Haus nicht mehr malen, und er konnte oder wollte auch nichts tun, um das Anwesen zu verbessern, was er und Anna Margarete ja sonst immer taten. Es schien, als hätte er jegliches Interesse am Leben verloren, und er saß nur noch da und blickte in den Himmel oder in den Garten. In diesem Haus gab es aber nicht viel zu sehen, und so entschieden sie sich für einen weiteren Umzug. Der letzte in seinem Leben. Gut vier Kilometer vom Haus seines Ziehsohnes entfernt, fanden sie in der 2nd Avenue ein geeignetes Domizil. Es war nichts im Vergleich zu dem, was Bill früher an Häusern und Grundstücken besaß. Es war das letzte Haus in einer kleinen Straße mit typischen Vorstadthäuschen. Dort standen sie aus Holz zusammen gezimmert. Kleine rechteckige einstöckige Häuschen, von denen viele ziemlich gleich aussahen. Nichts Aufsehen erregendes. Dieses Haus stand direkt an einer kleinen Kreuzung, der Striling Street, die mit einem deutlichen Gefälle nach Westen führte. Direkt runter an den Hafen von Port Alberni. Da das Haus an einem Abhang gebaut war, befand sich an der Straßenseite nur eine Ebene. Auf der gegenüberliegenden Seite, nach Westen gerichtet, war unter dieser Eeben noch ein weiteres Stockwerk. Von drei Seiten war das Haus von einem sehr kleinen Grünstreifen umringt, auf dem einige vertrocknete Büsche vegetierten. Der Ausblick aber war sehr schön, keine 200 Meter entfernt war schon das Wasser, und dahinter eine sanfte Bergkette. Das Haus wurde auf den Namen von Anna Margarete eingetragen und William hatte ein lebenslanges Wohnrecht. Sie kümmerte sich und versorgte ihn, beide lebten unter einem Dach, aber dennoch blieben sie getrennt.

Auf einen Aspekt möchte ich an dieser Stelle noch eingehen. Wir haben von den vielen Umzügen gehört, William kaufte wiederholt Grundstücke und Häuser, er investierte in die Objekte und verbesserte die Anlagen, steigerte so ihren Verkaufswert. Das hatte durchaus

Methode. Von Finanzgeschäfte verstand er ja nichts, aber aus seiner ostpreußischen Jugend wusste er, dass der Besitz von Land, von Grundstücken und Häusern, etwas Gutes und Gewinn bringendes war. Das hatten ihm die Blaublüter damals vorgelebt. So kaufte er, wenn er Geld zur Verfügung hatte, bevorzugt Grundstücke. Und er war geschickt darin. Lange Jahre zurück beispielsweise, da kaufte er in Langley, B.C., einmal einen Hektar Land. Darauf stand sogar ein Holzhaus, zu der Zeit lediglich bewohnt von zahllosen Termiten. Doch es kostete damals nur 10.000 Dollar, und so er erwarb es. Zeitweilig wohnten sie auch dort, und nachts hörte man dann immer, wie die Termiten fleißig am Arbeiten waren. Das alles störte ihn nicht, denn er sah, dass das Grundstück Potential hatte. Als Bills Ziehsohn einmal zu Besuch kam, motivierte er ihn, mal wieder ein Bild zu malen. So, wie Bill es ihm beibrachte, oder es zumindest versuchte. Das von ihm erstellte Gemälde erzeugte jedoch nur ein Kopfschütteln und Bill meinte, dass das alles nur Schlamm auf der Leinwand sei. „Komm mit, Sandy," sagte er, „ich habe eine bessere Beschäftigung für Dich." Dann gab er dem Jungen Farben, eine Leiter und Pinsel, damit er stattdessen die Hausfassade streichen könnte. Hierbei stellte sich der Junge durchaus geschickter an. Bill würde ihm ein paar Dollar für seine Arbeit zahlen und ließ den Jungen allein. Als er zurück kam, da staunte er nicht schlecht und lachte. Sandy hatte von Bill gelernt. Damit er schneller sein Geld verdienen würde, stand der Junge auf der Leiter und malte ganz einfach beidhändig. Und, ja, es sah sehr gut aus. Später kam William die Idee, die gesamte Hausfassade mit einer Landschaft zu bemalen, fortan kam es immer wieder zu Staus auf der Straße vor seinem Haus, weil die Autofahrer anhielten und es fotografierten. Nun, dieses Grundstück hat heute einen geschätzten Wert von einer Million Dollar. Und schon damals, als William es wieder verkaufte, da machte er einen guten Schnitt damit.

Und auch jetzt, nach seinem zweiten Schlaganfall, da blieb ihm zumindest noch die Freude am Investieren. Aus der Zeitung erfuhr er eines Tages, dass in der Provinz Saskatchewan, in einem Örtchen namens Naicam,[65] gerade günstige Grundstücke angeboten wurden. Eine Rezession hatte besonders diese Ortschaft hart getroffen. Dazu muss man wissen, dass diese Provinz immerhin sportliche 2000 Kilometer von Bills Haus entfernt lag, und er sich ja nicht einmal selbst versorgen konnte. Aber Bill wollte es. Unbedingt! Er wollte nach Naicam, um dort Grundstücke zu kaufen. Und zwar sofort. Einen gewissen Altersstarrsinn mag man natürlich an dieser Stelle vermuten. Anna Margarete winkte diesbezüglich sofort ab. So eine Strapaze? Nicht mit ihr. Also blieb nur noch einer übrig. Talore. Dieser freute sich natürlich „riesig," als er von der neuen verrückten Idee hörte. Denn Talore hatte gerade ganz andere Baustellen, er wurde vor Kurzem erneut Vater, auch hatte er einen neuen Job angefangen. Aber da sonst niemand zur Verfügung stand, erklärte er sich bereit. Die nächsten zwei Wochen war er somit Bills Fahrer, sein 24-Stunden-Betreuer, persönlicher

Finanzberater und genereller Aufpasser. Bill blühte regelrecht auf in der Zeit und entschied sich für ein fünf Hektar großes Grundstück mit Bauernhaus und zahllosen Nebengebäuden. Der Kaufpreis lag gerade mal bei 17.500 Dollar. Das Land hatte einen guten schwarzen Boden, der ideal für reiche Erträge war. Bill kannte sich damit bestens aus. Dieses Haus könnte ein sehr schöner Rückzugsort sein, so fern man denn im Sommer aufdringliche Fliegen und im Winter Eiseskälte mag. Genutzt wurde es von ihm freilich nicht mehr so wirklich. Diese Reise war sein letztes großes Abenteuer, denn sein Gesundheitszustand wurde nicht mehr besser, im Gegenteil, er baute körperlich ab. Die letzte Zeit bis zu seinem Tod verbrachte William am Liebsten damit, auf einer Bank vor seinem kleinen Haus zu sitzen. Von dort aus schaute er von morgens bis abends aufs Was-

Eine kleine und spontan angefertigte Daumennagelskizze von mir, mit dem Ausblick von Williams Haus in Port Alberni zum Hafen und den Bergen hinunter - sowie einer Seitenansicht (J.M. Müller, November 2023)

ser. Port Alberni hat einen geschäftigen Hafen und auf dem Wasser herrschte immer reges Treiben. Er genoss es, dort gab es immer was zu sehen. Kleine und große Schiffe, viele Menschen die fleißig am Verladen waren und dann die vielen kleinen Segelboote, die sportlich umherkreuzten. Abends versank die Sonne hinter der sanft verlaufenden Bergkette und schuf ein Licht, wie es Bill Jahrzehnte lang in seinen Gemälden festhielt.

Einmal noch setzte er sich dann an die Staffelei, einmal noch wollte er eine seiner geliebten Landschaften erschaffen. Im Hintergrund des querformatigen Bildes ragen große Bäume empor. Tannen und Laubbäume. Im Vordergrund befindet sich ein ruhiges Gewässer, links und rechts flankiert von Büschen und Bäumen. Eine kleine Brücke im Bildmittelgrund führt von links nach rechts herüber. Erinnerte er sich vielleicht an die Begegnung an der Ostfront, als er den russischen Soldaten auf der Brücke traf? Auf dem Wasser (Foto rechts), im Vordergrund des Bildes, sind zahllose weiß-gelbliche Seerosen zu sehen. Bills motorische Fähigkeiten waren viel zu eingeschränkt, um noch ein richtig gutes Bild zu malen. So ist dieses Gemälde handwerklich deutlich hinter dem, was er früher auf die Leinwand zaubern konnte. Und an Stelle seiner früheren wuchtigen Signatur befinden sich am rechten unteren Rand nur kleine, schwach aufgetragene Initialen.

Das letzte von William „Bill" Alexander gemalte Landschaftsbild vor seinem Tod   Foto: Privatsammlung

Am Abend des 24. Januar 1997 ging es Bill nicht gut, und er legte sich zeitig ins Bett. Später am Abend hörte Anna Margarete merkwürdige Geräusche aus seinem Zimmer und rief ihren Sohn an, der sich sofort ins Auto setzte. Nach einigen Minuten kam er an und stürzte direkt ins Schlafzimmer. Er fand William regungslos und ohne Puls im Bett liegen und rief sofort einen Krankenwagen. Die Sanitäter versuchten zwar noch, ihn wieder zu beleben und brachten ihn in das gerade einmal vier Kilometer entfernte „West Coast General Hospital," doch konnte man dort nur noch sein Tod feststellen. William Aexander verstarb an einem Herzinfarkt. Bereits am 28. Januar fand die Einäscherung statt. Die anschließende Trauerfeier wurde in der „Chapel of Memories" in Port Alberni begangen. Am Ende der langgezogenen und geschmückten Kapelle, mit ihrem spitz zulaufenden Holzdach, waren ein Rednerpult und die Urne aufgestellt. Vom Eingang der Kapelle bis zum Pult führte ein gerader Weg, links und rechts flankiert durch Reihen mit Holzbänken. Etwa dreißig Trauergäste fanden sich an diesem Tag ein. Darunter Williams Tochter Heidi mit seiner etwa 13jährigen Enkelin Heather. Zu dieser Zeit war Heidi bereits von ihrem Mann getrennt, und sie musste sich alleine durchschlagen. Anna Margarete war selbstverständlich auch anwesend, so wie auch ihre Tochter Christine. Williams Ziehsohn erschien mit seiner Frau und seinen Kindern. Auch nahmen einige Freunde aus dem Ort Abschied, sowie der extra angereiste Don Gerdts, der William damals zu seinem Durchbruch verhalf. Talore hielt die Trauerrede, und als er sie im Vorfeld verfasste, so erinnerte er sich, da weinte er wie ein kleines Kind. Denn oftmals erkennt man die Größe eines Verlustes erst dann, wenn man ihn erfährt. In seiner Rede sprach er von dem, was William wichtig war. Die Natur, das Fischen, er erzählte wohl auch einige Geschichten dazu und sprach von dem, was Bill „ein besseres Morgen" nannte. Bills Wunsch war es, dass seine Asche im Meer verteilt würde, er wollte bei seinen geliebten Fischen sein. So machte sich dann im Anschluss an die Trauerfeier ein kleiner Konvoi auf in Richtung Nanaimo. Auf dem rund 80 Kilometer langen Weg dort hin kamen sie auch am Cameron Lake vorbei. Hierher kam Bill wiederholt, um zu Angeln. In Hülle und Fülle gab es dort Rotlachse sowie pazifische Lachse, Regenbogenforellen und vielerlei mehr. Auch war die Gegend malerisch und ist noch heute eine sehr beliebte Touristenregion. Als sie ihr Ziel erreichten, bestieg die Trauergesellschaft ein Schiff und fuhr die Küste von Vancouver Island entlang. In der Nähe von Nainamo wurde dann an einer malerischen Stelle feierlich seine Asche dem Meer übergeben. Anna Margarete lebte seit dem zurückgezogen in ihrem Haus in Port Alberni, sie pflegte keine großen Kontakte mehr, auch hatte sie sich mit ihrer Tochter zerstritten. Nur ihr Sohn besuchte sie ab und an, und sie tranken Kaffee, und er berichtete Neues aus seinem Leben, oder sie spielten einfach nur Karten. Erst vor wenigen Jahren verstarb sie in einem Altersheim, vermutlich an Lungenkrebs, denn zeitlebens rauchte sie sehr viel. Auch sie wurde verbrannt und ihre Asche dann an genau der Stelle dem Meer übergeben, wo Bill bereits seit 1997 auf sie wartete. Vor einer malerischen Küste vor Vancouver Island, in der Nähe des kleinen Ortes Nanaimo, sind beide nach ihrem Tod nun für immer vereint.

Was gibt es noch zu berichten? Nicht mehr viel. Bill starb weder als reicher noch als armer Mann. Der Nachlassverwalter kümmerte sich um den Verkauf der vorhandenen Immobilien. Das erst kürzlich in der Provinz Saskatchewan gekaufte Grundstück in dem Örtchen Naicam erbrachte beispielsweise, da alles schnell gehen musste, nur noch einen Verkaufspreis von 10.000 Dollar (damals war Naicam am Ende der Welt, heute ist es eine sehr begehrte Adresse mit entsprechenden Grundstückspreisen). Um mögliche Erbstreitigkeiten schon im Vorfeld zu umgehen, wurde ein Anwalt beauftragt, die Verteilung vorzunehmen. Tochter Heidi erhielt damals 80 Prozent des Erbes, der Rest wurde unter Anna Margarete und ihren Kindern verteilt. Talore erhielt unter Anderem die letzten Gemälde von Bill, sowie zahllose Pinsel, Malmesser und Farbtuben, die wohl heute noch benutzt werden könnten. Er war der Einzige, der sich überhaupt für seine letzten Gemälde interessierte. Der Nachlassverwalter berichtete noch, doch das alles lässt sich für uns nicht genauer recherchieren, deshalb will ich es nur der Ordnung halber unkommentiert erwähnen, dass Sid Knudsen nach Bills Tod seine Firma für rund 1 Million Dollar verkaufte. Zu der Zeit mochte diese Firma wohl rund 3 Millionen Dollar Umsatz im Jahr machen. Der Käufer, ein gewisser Mr. Schneider, verstarb jedoch durch einen tragischen Unfall. Der nachfolgende Käufer war zwar noch namentlich bekannt, aber es lässt sich nichts Genaues mehr berichten. Die Familie von William Alexander hat, so der Nachlassverwalter, keinerlei Lizenzzahlungen von dem neuen Eigentümer der Firma erhalten, auch wenn diese noch immer mit seinem Namen warb. Ob überhaupt ein Anspruch besteht lässt sich sowieso nicht so einfach sagen, da die Familie nicht genügend Kapital besaß, konnte sie nie einen Anwalt einschalten. Das alles spielt aber auch für uns keine Rolle.

Epilog

Wir haben William Alexander auf seiner langen und spannenden Reise durch sein Leben begleitet, und wir konnten mit ihm zusammen bangen, hoffen, lachen und auch weinen. Bill war ein Gutmensch, ein Träumer und ein Romantiker, für den selbst in schlechten Tagen das Glas stets halb voll war. Er sehnte sich nach einen heilen Welt. Er, der er die Schrecken des Krieges im Schützengraben erlebte und mehrmals verwundet wurde, er träumte von einem besseren Morgen, von einer besseren Zukunft. Für sich, für Sie, für alle Menschen auf diesem Planeten. Er wünschte, dass alle Menschen ein glückliches und selbstbestimmtes Leben führen könnten. In Frieden und im Einklang mit der Natur. Er lehnte jede Form der Unterdrückung ab, sei es durch selbst ernannte Eliten oder Religionsführer. Alle Menschen waren für ihn gleich.

Und was für moderne Gedanken William Alexander doch hatte. Zu einer Zeit, als Mineralölkonzerne noch unbeirrt ganze Landstriche zwecks Gewinnmaximierung leichtfertig verseuchten, da machte er sich bereits komplexe Gedanken um Artenschutz und Erhalt von Biodiversität, entwickelte Fischzucht- oder Vogelschutzprogramme. Zu einer Zeit, als der Kalte Krieg noch in seiner heißen Phase war, da sprach er sich in seiner TV-Show regelmäßig gegen die Geißel der Menschheit aus, den menschengewollten Krieg. Immer wieder betonte er, welche Schrecken Kriege beinhalten, die er ja am eigenen Leib erleben musste. Und so manches Mal unterbrach er sich dann selbst abrupt, um nicht tiefer in die Schreckensberichterstattung abzurutschen, fast beschwörend flehte er, dass so etwas nicht noch einmal geschehen dürfe, dass die Menschen doch lernen sollten aus dem Gewesenen. Und wie wenig haben wir Menschen in unseren Gesellschaftsformen rund um den Globus uns doch weiter entwickelt. Fast 80 Jahre nach dem zweiten Weltkrieg sollte man doch denken, dass in den zivilisierten Ländern die Einsicht sich hätte verfestigen sollen, nie wieder Kriege führen zu wollen.

Und wie wenig ist davon am Ende umgesetzt. Noch heute, pünktlich zu jedem neuen Krieg, das lehrt uns auch der Aktuelle in der Ukraine, da sind es bevorzugt die Rüstungskonzerne, die frohlocken, und deren Aktien fette Kursgewinne versprechen. Nehmen wir als Beispiel nur einmal die deutsche Rheinmetall-Aktie. Das Unternehmen liefert unter Anderem Panzer und massenhaft Munition. Vor dem Einmarsch russischer Truppen, da stand die Aktie am 18. Februar 2022 noch bei 96,44 Euro. Bereits am 04. März 2022 schoss sie dann hin auf 148,70 Euro. Heute, am 20. Dezember 2023, da steht sie auf einem

Rekordhoch von über 282 Euro. Das kann natürlich auch Zufall sein. Aber kommt Ihnen da nicht auch zwangsläufig das Gemälde mit dem Globus aus Bills „Meister-Serie" ins Gedächtnis? Der Vollständigkeit halber sei angemerkt, auch US-Rüstungsaktien, wie beispielsweise die von Boing, Northrop Grumman, Lockheed Martin, General Dynamics oder Raytheon sind im gleichen Zeitraum spürbar gestiegen. Doch wollen wir das hier an dieser Stelle gar nicht weiter vertiefen.

Denken wir jetzt lieber an etwas Positives, warum nicht an eine bessere Zukunft? William ermunterte sein Publikum stets, alles zu versuchen, um ein glückliches Leben zu führen. Leben Sie nach Ihrer Überzeugung, und handeln Sie danach. Verschwenden Sie Ihr Leben nicht damit, ein unbedeutendes Rädchen in einem fremden Getriebe zu sein. Tun Sie das, was Sie glücklich macht. Privat, und auch im Beruf... Ganz besonders im Beruf. Riskieren wir es also, glücklich zu sein. Der deutsche Komiker Karl Valentin sagte einmal: „Ich freue mich, wenn es regnet. Denn wenn ich mich nicht freue, regnet es auch." Ein schöner Satz, den unser Freund Bill bestimmt unterschrieben hätte. Also, freuen wir uns, auf alles, was wir noch so anstellen können, um die Leinwand unseres Leben zu füllen. Und wenn Sie einmal jemanden sehen, der „Magic White" auf eine Leinwand streicht, dann denken Sie an unseren Freund Bill. Oder besser noch, sein Sie doch gleich selbst derjenige, der die Farbe aufträgt. Werden auch Sie zum allmächtigen Schöpfer vor Ihrer Leinwand. Am Besten gleich. Also, liber Leser: „Fire in!"

Quellenangaben und Erläuterungen:

1) William Alexanders Autobiografie erschien im Jahr 1983. „The Bill Alexander Story: An Autobiography." ISBN:0-8403-2990-3. S.234.

2) KOCE-TV produzierte 1983 eine 45minütige Dokumentation über William Alexander, die auf Youtube zu sehen ist: https://www.youtube.com/watch?v=OKEPISA0f4E (Abgerufen am 18.12.2023).

3) „The Bill Alexander Story: An Autobiography." ISBN:0-8403-2990-3.

4) Einige Folgen der TV-Serie „The Magic of Oil Painting" sind auf Youtube gelistet: https://www.youtube.com/watch?v=-iXM6yZfdbs&t=543s (Abgerufen am 18.12.2023).

5) Powell River ist eine kleine Stadt in British Columbia, die am Ende von Highway 101, an der Westküste Kanadas liegt. Seit 1912 ist die kleine Stadt für ihre Papierproduktion bekannt. Auch wenn diese Kleinstadt nahe großer Städte liegt, beispielsweise Vancouver, so erreicht man Powell River dennoch nur mit der Fähre oder dem Flugzeug. Benannt wurde der Ort nach Israel Wood Powell, einem namhaften Arzt, Politiker, Unternehmer und Bodenspekulant, der vom 27.04.1836 bis 25.02.1915 lebte.

6) Port Alberni ist eine kleine Stadt in der Provinz von British-Columbia und liegt auf der Insel Vancouver Island, an der Westküste Kanadas.

7) Die Grafen zu Dohna sind ein weitverzweigtes Adelsgeschlecht, die seit 1156 Erwähnung finden. Seit 1500 ist eine der Linien auch in Ostpreußen beheimatet gewesen, von wo sie nach Ende des zweiten Weltkrieges vertrieben wurden. Eine der Persönlichkeiten des 20. Jahrhunderts war Heinrich Graf zu Dohna-Schlobitten, ein Berufsoffizier des ersten Weltkrieges, der als Generalstabsoffizier im zweiten Weltkrieg reaktiviert wurde. Auf eigenen Wunsch verließ er 1943 die Wehrmacht. Da er Kontakte zu den Verschwörern des 20. Juli unterhielt, wurde er nach dem Schteitern des Putsches am 14. September 1944 in PLötzensee hingerichtet. Kurz vor seiner HInrichtung schrieb er an seine Frau: „Dies ist mein Abschiedsbrief. Wie maßlos schwer, Abschied zu nehmen fürs Leben, ohne sich noch einmal gesehen zu haben, ohne Umarmung, ohne einen letzten Kuss! – Aber Gott hat es so gefügt, ich folge Ihm. Er hat mich in dieser ganzen Zeit geführt. Ich habe bisher nicht eine schwache Minute gehabt, hoffentlich bleibe ich fest bis zuletzt. Eure Gebete, und besonders Deine, habe ich immer gespürt. Nun musst auch Du stark bleiben, trotz allem Schmerz. Ich bat in dieser schweren Zeit immer Christus, mich bei der Hand zu halten. Er tat es und hielt mich stark."

8) Die Grafen Finck von Finckenstein sind ein ostpreußisches Adelsgeschlecht, das dort erstmalig 1474 einen Familiensitz erwarb. Sie gehörten zu den Großgrundbesitzern des

Landes. Allein die erworbenen Ländereien, die zur Burg Schönberg gehörten, erstreckten sich über 9000 Hektar. Bis 1945 war es im Famlienbesitz, Nach 1945 wurde es von den sowjetischen Truppen niedergebrannt und ist bis heute eine Ruine... wie viele weitere Anwesen der damaligen Zeit.

9) Die Dönhoffs sind ein altes westfälisches Adelsgeschlecht, das sich über das Baltikum nach Polen und Preußen ausgebreitet hat. Seit 1640 waren sie auch in Ostpreußen ansässig, wo sie bis 1945 im Schloss Friedrichstein residierten. 1945 wurde das Schloss von der Roten Armee in Brand gesetzt und zerstört.

10) Rautenberg (russ. Uslowoje) liegt rund 40 Kilometer von der Kreisstadt Tilsit entfernt. Der Ortsname stammt wohl von Gottfried Rautenberg, der 1772 das dortige Gelände erwarb. Die Familie Rautenberg war aus dem niedersächsischen Gebiet zwischen Hildesheim und Celle nach Ostpreußen ausgewandert. Erstmals 1818 wurde die Gemeinde Rautenberg in Dokumenten erwähnt. 2010 zählte die Gemeinde noch 562 Einwohner.

11) Eine effiziente Methode, die in Ostpreußen zur Anwendung kam, war das Verlegen von direkt in der Region gebrannten Tonröhren, die in einer Tiefe von 40 Zentimetern eingegraben wurden, und durch die die Feuchtigkeit des Bodens gezielt abgeleitet wurde.

12) Das Haus Hohenzollern war eine der bedeutendsten Dynastien der deutschen Geschichte, dass nach seinem Stammsitz, Burg Hohenzollern in Schwaben, benannt wurde.

13) Die Schlacht bei Tannenberg fand südlich von Allenstein in Ostpreußen vom 26. August bis zum 30. August 1914 zwischen deutschen und russischen Armeen statt. Es siegten, unter der Führung von Hindenburg und Ludendorff, sowie Hoffmann und von François, die deutschen Truppen, und die Schlacht endete mit der Zerschlagung der ins südliche Ostpreußen eingedrungenen russischen Armee.

14) Die Winterschlacht in Masuren fand vom 7. Februar bis zum 22. Februar 1915 zwischen deutschen und russischen Truppen statt. Auch wenn sie mit einem Sieg der Deutschen endete, so waren deren Ziele, die vollkommene Vernichtung der 10. russischen Armee, nicht erreicht worden, da die Reste der 10. Armee sich rechtzeitig in Sicherheit bringen konnten.

15) Der Deutsch-Französische Krieg von 1870-1871 war eine militärische Auseinandersetzung zwischen Frankreich und dem Norddeutschen Bund unter der Führung Preußens, sowie deren Verbündeten. Auslöser des Krieges war der Streit zwischen Frankreich und Preußen um die spanische Thronkandidatur des Prinzen Leopold von Hohenzollern-Sigmaringen, der deshalb eskalierte, weil Bismarck ein Schreiben an den französischen Hof schickte, das derart gewollt provokant war, das Napoleon III. sich deshalb genötigt sah, am 19. Juli 1870, Preußen den Krieg zu erklären. Bismarks Kalkül ging auf. Die französischen Truppen konnten sich allerdings nicht behaupten, Frankreich verlor, und dieser Krieg endete offiziell am 10. Mai 1871.

16) Die Weltwirtschaftskrise wurde durch den Börsencrash im Oktober 1929 in New York ausgelöst. Die wichtigsten Folgen der Krise waren der massive Rückgang der Industrie-produktion und des Welthandels. Es kam zu Inflation und Bankenkrisen, Insolvenzen und kontinentübergrifender Massenarbeitslosigkeit.

17) George Smith Patton jr. (11. November 1885 bis 21. Dezember 1945) war ein US-General im zweiten Weltkrieg. Neben Einsätzen in Nordafrika und auf Sizilien, befehligte er nach der Landung in der Normandie die 3. US-Armee an der Westfront. Er starb überraschend durch einen Autounfall und wurde in Luxemburg, bei „seinen" Männern der 3. Armee beerdigt.

18) Recherchen ergaben kein US-Kriegsgefangenenlager mit der Nummer „401" in der Nähe von Marseille. Zwar existierte ein Lager 401 für deutsche Kriegsgefangene, doch lag es direkt in den USA. Jedoch gab es ein Kriegsgefangenenlager, auf das Williams Beschreibung zutreffen würde. Dabei handelt es sich um das Lager CCPWE 404 (Continental Central Prisoner of War Enclosure number 404). Es befand sich etwa 20 Kilometer nördlich von Marseille, bei der Ortschaft Calas.

19) Für die Stadt Gießen, fast zwei Drittel der Häuser waren zerstört, endete der zweite Weltkrieg am 28. März 1945 gegen 15 Uhr, als die US-Soldaten einmarschierten. Die Stadt spielte nach Kriegsende eine Sonderrolle in der amerikanischen Besatzungszone, da Gießen zum größten Nachschubsstandort in Europa ausgebaut werden sollte.

20) Halifax (offiziell Halifax Regional Municipality, HRM) mit seinen über 400.000 Einwohnern, ist die Hauptstadt der Provinz Nova Scotia in Kanada. Sie liegt an der nordatlantischen Ostküste.

21) Nova Scotia ist eine kanadische Provinz an der Ostküste, am Nordatlantik gelegen.

22) Toronto, eine der bedeutensten Metropolen des Landes, ist die Hauptstadt der kanadischen Provinz Ontario und liegt am Nordwestufer des Lake Ontario.

23) Die Hudson's Bay Company (HBC, französisch Compagnie de la Baie d'Hudson) ist ein kanadisches Handelsunternehmen, das 1670 gegründet wurde. Die Hudson's Bay Company ist das älteste eingetragene Unternehmen in Kanada. Jahrhunderte lang kontrollierte sie den Pelzhandel, bis zu dessen Niedergang im 19. Jahrhundert. Das Unternehmen richtete sich neu aus zu einer Handelsgesellschaft, die lebenswichtige Güter an die Siedler im kanadischen Westen verkaufte. Heute ist die Gesellschaft für ihre Warenhäuser unter der Marke Hudson's Bay in ganz Kanada bekannt.

24) Das dicht besiedelte Vancouver ist ein geschäftiger Seehafen an der Westküste in British Columbia.

25) Montreal ist die größte Stadt der kanadischen Provinz Quebec und liegt auf einer

Insel im Sankt-Lorenz-Strom.

26) Casa Loma (spanisch „Haus auf dem Hügel") ist ein burgartiges Herrenhaus im kanadischen Toronto, das von 1911 bis 1914 von Sir Henry Pellatt für ca. 3,5 Millionen kanadische Dollar als Wohnhaus erbaut wurde und befindet sich am Nordende der Spadina Avenue auf dem Davenport Hill.

27) Die Hollywood Hills sind eine Hügelkette im District Hollywood oberhalb der Stadt Los Angeles im US-Bundesstaat Kalifornien. Sie sind der östlichste Teil der Santa Monica Mountains und eine beliebte Wohngegend mit zumeist kostspieliger Villenbebauung.

28) Das griechische Viertel Greektown, auch als „The Danforth" bekannt, ist bekannt und beliebt für seine internationalen Restaurants, Cafés und Bars, besonders auch für die griechischen Tavernen und Konditoreien.

29) Léry ist eine kleine Stadt am Südufer des Lake Saint-Louis in Quebec, Kanada. Die Stadt liegt an der Route 132, westlich von Châteauguay.

30) Der Sankt-Lorenz-Strom (französisch Fleuve Saint-Laurent; englisch Saint Lawrence River) ist der drittgrößte Fluss von Nordamerika mit Ablauf in den Atlantik.

31) Aldergrove ist eine kanadische Gemeinde im Township Langley in British Columbia, knapp 60 Kilometer östlich von Vancouver gelegen. Geprägt ist diese Gemeinde durch hauptsächlich landwirtschaftliche Nutzung, unter Anderem durch den Anbau von medizinischem Cannabis.

32) Der Künstler George Rammell wurde in Cranbrook, BC, geboren. Er studierte an der Vancouver School of Art und ist seitdem als Bildhauer und Kunstlehrer tätig.

33) Anna Margarete singt und William spielt die Geige ab Minute 39 in folgender Doku: https://www.youtube.com/watch?v=OKEPISA0f4E (Abgerufen am 18.12.2023).

34) https://www.youtube.com/watch?v=ug5ywFeTSL4&t=987s (Abgerufen am 18.12.2023).

35) „The Bill Alexander Story: An Autobiography." ISBN:0-8403-2990-3. S.94.

36) KOCE-TV (Kanal 50) ist ein PBS-Mitgliedsfernsehsender, der in Huntington Beach, Kalifornien, lizenziert ist und den Raum Los Angeles bedient.

37) Errol Leslie Thomson Flynn (20. Juni 1909 bis 14. Oktober 1959) war ein australisch-amerikanischer Filmschauspieler. Er spielte in den 1930ern bis 1940ern in zahlreichen Klassikern die Hauptrolle, wie beispielsweise „Unter Piratenflagge," „Robin Hood – König der Vagabunden" oder „Der Herr der sieben Meere." Zum Ende seiner Karriere hin ließen sein schauspielerischer Erfolg nach, und die Zeit war geprägt durch seine Alkoholkrankheit und finanzielle Probleme.

38) John William „Johnny" Carson (23. Oktober 1925 bis 23. Januar 2005) war ein US-amerikanischer Showmaster und einer der bekanntesten Entertainer der USA. Von 1962 bis 1992 war er Talkmaster von „The Tonight Show," der erfolgreichsten Late-Night-Show des amerikanischen Fernsehens.

39) Michail Sergejewitsch Gorbatschow (2. März 1931 bis 30. August 2022) war ein sowjetischer Politiker. Er war von März 1985 bis August 1991 Generalsekretär des Zentralkomitees der Kommunistischen Partei der Sowjetunion und von März 1990 bis Dezember 1991 letzter Staatspräsident der Sowjetunion. Neue Akzente in der sowjetischen Politik setzte er mit Glasnost (Offenheit), einem Bekenntnis zur Meinungsfreiheit, und Perestroika (Umbau), insbesondere mit der Abschaffung der Planwirtschaft. In Abrüstungsverhandlungen mit den USA leitete er das Ende des Kalten Krieges ein. Er erhielt 1990 den Friedensnobelpreis.

40) Als der Kalte Krieg wird der Konflikt zwischen den Westmächten unter Führung der Vereinigten Staaten von Amerika und dem sogenannten Ostblock, unter Führung der Sowjetunion bezeichnet, den diese von 1947 bis 1989 mit nahezu allen Mitteln austrugen. Zu einer direkten militärischen Auseinandersetzung zwischen den Supermächten USA, der Sowjetunion und ihren jeweiligen Militärblöcken kam es nie, es gab allerdings Stellvertreterkriege, wie den Koreakrieg, Vietnamkrieg und den Krieg in Afghanistan. Der Kalte Krieg trat als Systemkonfrontation zwischen Kapitalismus und Kommunismus in Erscheinung und bestimmte in der zweiten Hälfte des 20. Jahrhunderts weltweit Außen- und Sicherheitspolitik. Dabei wurden jahrzehntelang auf beiden Seiten politische, wirtschaftliche, technische und militärische Anstrengungen unternommen, um den Einfluss des anderen Lagers weltweit einzudämmen oder zurückzudrängen.

41) Robert Ryan (11. November 1909 bis 11. Juli 1973) war ein US-amerikanischer Schauspieler. Ryan war von den späten 1940er-Jahren bis zu seinem Tod im amerikanischen Film vielbeschäftigt und wurde in vielen Genres eingesetzt.

42) Der Emmy Award, vereinfacht die Emmy, ist der bedeutendste Fernsehpreis der Vereinigten Staaten und – neben dem Academy Award (Oscar) für Film, dem Tony Award für Theater und dem Grammy Award für Musik – einer der vier großen Preise der US-amerikanischen Unterhaltungsindustrie. Er wird seit 1949 jährlich für die abgelaufene Fernsehsaison in mittlerweile über 90 verschiedenen Kategorien vergeben.

43) Bob Ross: Glückliche Unfälle, Betrug und Gier (Bob Ross: Happy Accidents, Betrayal & Greed, USA 2021, 92 Minuten, Regie: Joshua Rofé). Netflix-Dokumentation.

44) Siehe 43).

45) https://www.artsy.net/article/artsy-editorial-bob-ross-owes-happy-trees-forgotten-painter (Abgerufen am 22.11.2023).

46) https://www.youtube.com/watch?v=WiM2iiT7lB0 (Abgerufen am 18.12.2023).

47) https://www.artsy.net/article/artsy-editorial-bob-ross-owes-happy-trees-forgotten-painter (Abgerufen am 22.11.2023).

48) Siehe 43).

49) NY Times, 22. Dezember 1991, Seite 33: „Bob Ross, the Frugal Gourmet of Painting."

50) Siehe 49)

51) Es gibt Filmaufnahmen von William auf diesem Fischerboot, wie er bei ruhigem Wetter in Ufernähe damit fährt und auch vor Anker liegt. Das Boot sieht von der Form her etwa aus wie ein Trawler, dessen Maßstab jedoch drastisch verkleinert wurde. In einer Szene bewegt sich William im offenen Heckbereich, ein fast skurril wirkendes Bild (siehe Foto rechts), denn William ist viel zu groß im Verhältnis zum Boot, und man sieht, wie instabil es ist, bei jeder Bewegung gerät es ins Wanken. Bei rauher See wäre es sicherlich sofort gekentert. https://www.youtube.com/watch?v=OKEPISAof4E (Abgerufen am 18.12.2023).

52) Nanaimo in British Columbia ist mit rund 90.000 Einwohnern die zweitgrößte Stadt auf der kanadischen Pazifikinsel Vancouver Island. Die Stadt liegt an der Ostseite der Insel.

53) „The Bill Alexander Story: An Autobiography." ISBN:0-8403-2990-3.

54) Pablo Ruiz Picasso (25. Oktober 1881 bis 8. April 1973) war ein spanischer Maler, Grafiker und Bildhauer. Sein umfangreiches Gesamtwerk umfasst Gemälde, Zeichnungen, Grafiken, Collagen, Plastiken und Keramiken, deren Gesamtzahl auf 50.000 geschätzt wird. Es ist geprägt durch eine große Vielfalt künstlerischer Ausdrucksformen und Techniken. Die Werke aus seiner Blauen und Rosa Periode, und die Begründung des Kubismus zusammen mit Georges Braque bilden den Beginn seiner außerordentlichen Künstlerlaufbahn.

55) Moderne Kunst, auch als Modern Art bezeichnet, ist ein relativ unscharfer, aber umgangssprachlich allgemein üblicher Begriff für die avantgardistische Kunst des 20. Jahrhunderts. In der Fachsprache wird heute eher von Kunst der Moderne gesprochen.

56) Charles Marion Russell (19. März 1864 bis 25. Oktober 1926) war ein amerikanischer Maler, Bildhauer, Illustrator und Schriftsteller. Er wurde für seine Darstellung des amerikanischen Westens bekannt und schuf insgesamt mehr als 4000 Gemälde und Skulpturen.

57) Die politische Allegorie ist eine Erzählform, in der eine Bedeutung durch den Verweis auf eine zweite Sinnebene konstituiert wird. Hier muss vom Betrachter eine Übertragung geleistet werden, um die inhaltlichen Aussagen deuten zu können. Entscheidend für das Funktionieren von Allegorien ist das Bewusstsein beim Betrachter, dass einerseits zwei Sprach- oder Bildebenen existieren und andererseits Allegorien final orientiert, auf ein bestimmtes Ziel hin ausgelegt sind.

58) George Grosz (26. Juli 1893 bis 6. Juli 1959) war ein deutsch-US-amerikanischer Maler, Grafiker, Karikaturist und Kriegsgegner. George Grosz' sozial- und gesellschafts-kritische Gemälde und Zeichnungen des Verismus, die überwiegend in den 1920er Jahren entstanden sind, werden der Neuen Sachlichkeit zugerechnet. Diese Arbeiten zeichnen sich durch zum Teil drastische und provokative Darstellungen und häufig durch poli-tische Aussagen aus. Sein Werk trägt aber auch expressionistische, dadaistische und futuristische Züge. Typische Sujets sind die Großstadt, ihre Abseitigkeiten (Mord, Perver-sion, Gewalt) sowie die Klassengegensätze, die sich in ihr zeigen. In seinen Werken, oft Karikaturen, verspottet er die herrschenden Kreise der Weimarer Republik, greift soziale Gegensätze auf und kritisiert insbesondere Wirtschaft, Politik, Militär und Klerus.

59) Emil Nolde (7. August 1867 bis 13. April 1956) war einer der führenden Maler des Expressionismus. Er ist einer der großen Aquarellisten in der Kunst des 20. Jahrhunderts und bekannt für seine ausdrucksstarke Farbwahl.

60) David Alfaro Siqueiros (29. Dezember 1896 bis 6. Januar 1974) war ein mexika-nischer Maler, Grafiker, Soldat während der Mexikanischen Revolution und Attentäter. Er ist einer der Hauptvertreter des Muralismo und gehört neben José Clemente Orozco und Diego Rivera zu den sogenannten Los Tres Grandes („Die großen Drei"). Als Anhän-ger des Stalinismus führte er 1940 eine Verschwörung zur Ermordung Leo Trotzkis an.

61) José Clemente Orozco (* 23. November 1883 bis 7. September 1949) gilt als Begründer der zeitgenössischen mexikanischen Malerei. Er ist einer der Hauptvertreter des Muralismus und gehört neben David Alfaro Siqueiros und Diego Rivera zu den sogenannten Los Tres Grandes („Die großen Drei").

62) Diego Rivera (8. Dezember oder 13. Dezember 1886 bis 24. November 1957) war ein mexikanischer Maler. Er gilt neben David Alfaro Siqueiros und José Clemente Orozco als bedeutendster Maler der Moderne in Mexiko. Von 1907 bis 1921 arbeitete Diego Rivera in Europa, zu Beginn und Ende der 1930er-Jahre in den Vereinigten Staaten. In seinen Tafelbildern adaptierte Rivera in schneller Folge viele verschiedene Stilrichtungen und beschäftigte sich längere Zeit mit dem Kubismus. Während seiner Zeit in Europa stand er in Kontakt mit führenden Vertretern der Modernen Kunst wie Picasso, Braque und Gris. Nach seiner Rückkehr nach Mexiko arbeitete Diego Rivera vor allem an seinen großen Wandbildprojekten, die er etwa im Palacio Nacional, dem Palacio de Bellas Artes, dem

Secretaría de Educación Pública und in verschiedenen Institutionen in den Vereinigten Staaten malte. Diese von ihm als Beitrag zur Volksbildung verstandenen Murales trugen einen Großteil zur Bekanntheit und zum Erfolg Riveras bei.

63) „The Bill Alexander Story: An Autobiography." ISBN:0-8403-2990-3. S.227 ff.

64) Buonamico Buffalmacco (tätig um 1315–1336), war ein bedeutender italienischer Maler der Renaissance.

65) Naicam ist eine kleine Stadt im ländlichen Saskatchewan, rund 220 km der Provinzhauptstadt Regina. Der Name der Stadt ist eine Kombination aus den Namen der Eisenbahnbauunternehmer „Naismith" und „Cameron."

Ebenfalls von Jörg-Michael Müller sind in den letzten Jahren diese Sachbücher erschienen:

Zum Tode verurteilte NS-Kriegsverbrecher und ihre Gnadengesuche im Wortlaut: Dokumentation

Band 1 - Taschenbuch - 31. März 2022

Der aus Lübeck stammende Künstler und Autor Jörg-Michael Müller betreibt seit 2010 ein Atelier in Norddeutschland und erstellt Gemälde, Illustrationen und Objektkunst. Zu seinem vielschichtigen Spektrum gehören außerdem auch zahlreiche Publikationen rund um die Themen Kunst und Geschichte.

Zum Tode verurteilte NS-Kriegsverbrecher und ihre GNADENGESUCHE im Wortlaut. Die Gnadengesuche der Gnadenlosen: Nach Verkündung ihrer Todesurteile reichten zahlreiche NS-Kriegsverbrecher eines ein und hofften so, dem Strang doch noch entgehen zu können. Eigenhändig verfasst, oder von Familienmitgliedern oder ihren Verteidigern formuliert und eingereicht - manche sind im Wortlaut bereits dokumentiert, viele bislang noch in den Archiven in Vergessenheit geraten oder verschollen. Im Rahmen dieser Dokumentation erfolgt die systematische, und noch lange nicht abgeschlossene Recherche nach diesen Dokumenten. Band 1 startet mit einer Reihe von ausgewählten Gnadengesuchen der bekanntesten NS-Kriegsverbrecher. Erfahren Sie außerdem alles über die Spurensuche nach den verschollenen Gnadengesuchen aus dem ersten Bergen-Belsen-Prozess von 1945, und lesen Sie die vor Gericht vorgetragenen Milderungsgründe im Wortlaut für die zum Tode verurteilte „Belsen-Gang."

Angeklagte Nr. 9 - Die „Hyäne von Auschwitz" im Kreuzverhör.
Das Protokoll. Erweiterte NEUAUFLAGE: Über 70 historische Dokumente, Handschriften und Bilder

Taschenbuch – 1. September 2021

Bislang unveröffentichtes und spektakuläres Archivmaterial ist hier erstmals zusammen getragen worden. Letzte Fotos und einmalige Handschriften, die tief in einem kanadischen Archiv verborgen waren, kommen nun ans Licht des Tages.

Die KZ-Aufseherin Irma Grese war die jüngste Kriegsverbrecherin, die 1945 im Bergen-Belsen Prozess zum Tode durch den Strang verurteilt wurde. Gerade sie erregte weltweites Aufsehen, weil die ihr zur Last gelegten Verbrechen, die Brutalität und Grausamkeit, ihr Sadismus gegenüber den Häftlingen im krassen Widerspruch zu ihrer Erscheinung standen. Sie hatte viele Namen: „Hyäne von Auschwitz," „Höllenengel" oder „Queen of Belsen." Und ihr Ankläger sagte über sie im Prozess: „Und es gibt keine einzige Grausamkeit, die in diesem Lager stattgefunden hat, für die sie nicht als Verantwortliche bekannt war. Sie nahm regelmäßig an der Selektion für die Gaskammer teil, strafte willkürlich, und als sie nach Belsen kam, fuhr sie genau so fort." In dieser Dokumentation begeben wir uns auf eine Spurensuche in alten Akten und Archiven und beleuchten die 243 Tage des Jahres 1945, von der Befreiung des KZ Bergen-Belsen bis hin zur Hinrichtung der Täter in Hameln. Wir begleiten Grese durch den gesamten Prozess bis an den Galgen, schauen uns die Zeugenaussagen an, lesen, was die Presse schrieb, entdecken wenig bis kaum Bekanntes, korrigieren Irrtümer und tauchen direkt ein in das Geschehen, wenn wir der Befragung und dem Kreuzverhör der Angeklagten Nr. 9 folgen.

Angeklagte Nr. 9: Die „Hyäne von Auschwitz" im Kreuzverhör

Taschenbuch – 1. Oktober 2020

Die KZ-Aufseherin Irma Grese war die Jüngste Kriegsverbrecherin, die 1945 im Bergen-Belsen Prozess zum Tode durch den Strang verurteilt wurde. Gerade sie erregte weltweites Aufsehen, weil die ihr zur Last gelegten Verbrechen, die Brutalität und Grausamkeit, ihr Sadismus gegenüber den Häftlingen im krassen Widerspruch zu ihrer Erscheinung standen. Sie hatte viele Namen: „Hyäne von Auschwitz," „Höllenengel" oder „Queen of Belsen." Und ihr Ankläger sagte über sie im Prozess: „Und es gibt keine einzige Grausamkeit, die in diesem Lager stattgefunden hat, für die sie nicht als Verantwortliche bekannt war. Sie nahm regelmäßig an der Selektion für die Gaskammer teil, strafte willkürlich, und als sie nach Belsen kam, fuhr sie genau so fort." In dieser Dokumentation begeben wir uns auf eine Spurensuche in alten Akten und Archiven und beleuchten die 243 Tage des Jahres 1945, von der Befreiung des KZ Bergen-Belsen bis hin zur Hinrichtung der Täter in Hameln. Wir begleiten Grese durch den gesamten Prozess bis an den Galgen, schauen uns die Zeugenaussagen an, lesen, was die Presse schrieb, entdecken wenig bis kaum Bekanntes, korrigieren Irrtümer und tauchen direkt ein in das Geschehen, wenn wir der Befragung und dem Kreuzverhör der Angeklagten Nr. 9 folgen.

Jörg-Michael Müller, mal zauberhaft, und mal satirisch...

Jörg-Michael Müllers trimagischer Silber-Zauber: Drei märchenhaft visuelle magische Effekte

Taschenbuch – 24. Januar 2022

Mehrere Monate Entwicklungsarbeit waren nötig für dieses außergewöhnliche magische Trick-Prinzip, mit dem wahrhaft märchenhafte und überaus starke visuelle Effekte möglich sind. In diesem Zauber-Seminarheft präsentiere ich drei traumhafte magische Effekte: Keine komplizierten Griffe sind nötig, kein langes Einstudieren. Der Künstler kann sich voll und ganz auf die Präsentation konzentrieren und das Publikum begeistern! .

150 genial absurde Fragen: auf die die Welt lange wartete!

Taschenbuch – 9. Dezember 2020

150 genial absurde Fragen, auf die die Welt lange wartete! Kreative Konferenz-Kritzeleien. Band 3 In diesem Band sind zahllose geistreiche, ironische, absurde, satirische und lustige Fragen, die mit launigen Illustrationen angereichert wurden und zum Lachen, Schmunzeln und Sinnieren einladen. Gelangweilt in endlosen Konferenzen zu sitzen ist wahre Schwerstarbeit in Reinkultur, wenn man versucht, nicht einzuschlafen. Ich neige ja dazu, diese ewig wabernde Langeweile bei meinen Zeitungskonferenzen zu kompensieren, indem ich mit meinem Stift zu Kritzeln beginne und nur noch inhaltliche Bruchstücke des kollektiven Gefasels an mich durchdringen lasse, die dann zu skurrilen Fragen mutieren, die ich am Ende lieber unausgesprochen lassen möchte. Einige dieser schwer erarbeiteten Ergebnisse scheinen mir nun aber doch reif für die Menschheit zu sein.